따뜻한 행정가, 조은희

○

귀를 열고
길을 열다

따뜻한 행정가, 조은희

귀를 열고
길을 열다

비타베아타

'촌닭' 조은희. 40년 전 열아홉 꽃띠 시절의 내 모습이다. 대학교 면접시험을 보기 위해 난생처음 서울행 기차를 탔다. 동대구역에서 막 출발하려는 열차에 허겁지겁 올라탔는데, 아뿔싸! 부산행 열차였다. 역무원이 도와줘 밀양에서 내려 서울행으로 갈아탔다. '촌닭'이라는 글자가 등에 써 붙여진 것 같아 한동안 뒤통수가 간지러웠다.

내가 태어난 곳은 사방이 온통 초록인, 그래서 이름조차 푸른 솔인 청송(靑松) 산골짜기다. 대구에서 유년 시절을 보낸 내게 서울은 사진으로만 보던 먼 나라였다.

이화여자대학교의 기숙사 방 한 칸, 배정받은 조그만 침대에서 서울살이가 시작되었다. 그 뒤로 40년을 내리 서울에서 살았다. 지금은 서초에 거주하고 있지만 서대문, 양천, 도봉, 중구, 구로, 용산에도 삶의 흔적을 남겼다. 지금도 그곳에서의 삶의 애환과 추억들을 소중하게 간직하고 있다.

서울살이는 참 치열했다. 아내로, 엄마로, 직업인으로 바쁘게 뛰었다. 정치부에서 일선 기자로 일한 10년은 열정이 넘치는 시기였다. 김대중 전 대통령이 정국 구상을 위해 괌에 잠시 머물고 있다는 정보를 입수하자마자, 남편에게 알리지도 않고 겨울 외투를 갈아입을 새도 없이 태평양에 있는 괌까지 취재하러 날아간 일이 엊그제 같다. 새벽까지 기다려도 아내가 귀가하지 않자 전화한 남편의 걱정스러운 목소리를 듣고서야 나는 아무 말 없이 비행기에 올랐다는 사실을 깨달았다. '열혈 여기자' 10년은 팩트(fact)의 중요성과 관점의 다양성을 배우고, 정치의 뒷마당을 들여다본 시기였다.

그렇게 인연을 맺은 김대중 전 대통령 정부에서 청와대 행사기획비서관, 문화관광비서관으로 일했다. 김대중 전 대통령은 거인이었다. IMF 위기를 극복하기 위한 지도자의 번민과 고뇌를 가까이에서 지켜보았다. 영호남 국민화합을 위한 노력과 열의는 감동 그 자체였다. 박정희 전 대통령기념관의 건립을 지원하고, 정치 보복을 자제했다. 일본과 중국 관계에서 실용적·개방적 외교 정책을 취해 오늘날 한류의 토대를 마련했다. 이러한 경험으로 나는 한 단계 성장할 수 있었다.

청와대를 나와 양성평등연합의 상임대표와 여성신문 우먼타임스의 편집국장을 지냈다. 우리 사회가 안고 있는 여성 문제, 젠더 문제를 찬찬히 들여다볼 기회였다. 여성 차별과 젠더 문제의 심각성을 알리고, 개선해보려고 노력한 시기이기도 했다. 짧은 기간이었지만, 행사를 기획하는 회사를 창업해 최고경영자(CEO)를 경험하기도 했다.

서울시 여성가족정책관으로 일하면서는 '여행(女幸·여성행복) 프로젝트'를 기획·추진했다. 하이힐 굽이 보도블록에 끼는 사소한 문제부터 육아정책에 이르는 큰 이슈까지 '여성행복도시'를 만드는 데 온 정성을 기울였다. 그 결과 유엔공공행정대상 수상이라는 영예를 누렸다. 서울시 부시장으로 일할 때는 여소야대 상황에서 시의회, 국회, NGO, 언론과 소통하며 갈등을 해소하기 위해 온 힘을 다 바쳤다. 사안을 통합적으로 파악하고 협상력과 갈등 조정 역량을 끌어올린 시기였다.

서울시 행정을 현장에서 경험한 지 10년째, 서초구청장으로서 7년째다. 시민들의 요구와 불편을 신속하게 파악하고, 행정 역량과 동료 직원들의 에너지를 결합하여 효율적인 정책을 수립·집행하는 데 진력해왔다. 지난 지방선거에서 "지지하는 당은 다르지만 구청장만은 '일 잘하는 조은희'를 찍었다"는 말을 많이 들었다. 그 어떤 상보다도 큰 보답이었다. 서울시 25개 구 중 유일한 야당 구청장으로서 재선은 덤으로 느껴질 정도였다.

7년 전 아마도 마지막 커리어가 될지도 모르는 진로를 선택함에 있어 적지 않게 망설였다. 본격적으로 정치를 할 것인가, 아니면 제대로 된 행정을 해볼 것인가 하는 고민이었다. 내가 쌓아온 역량과 경험은 정치에도 어울리지만, 행정에 더 적합할 것 같다는 나름의 결론을 내렸다. 나에게는 그 선택이 잘못되지 않았다는 것을 증명해야 할 책무가 남아 있다. 아니, 40년 전 '촌닭 조은희'가 서울 행정을 이끌게 되기까지 그동안 고마웠던 일과 힘들었던 모든 일에 대해 최선을 다해 응답해야 한다. 그것이 나를 사랑해준 모든 분에 대한 보답이자, 앞으로 서울에서 살아갈 젊은 세대에 대한 도리일 것이다. 그 증명과 보답의 무대는 당연히 나의 일터이자 삶터인 서초, 나아가 서울이다.

그러고 보니 서초에서의 7년은 지난 40년간 줄곧 내가 바라고 꿈꿔 왔던 서울을 현실로 인화하는 일종의 필름과 같았다. 이 책은 그에 대한 기록이자 설레는 기대다. 여기까지 함께 걸어오고, 또 함께 나아가기를 바라는 모든 이에게 온 마음을 담아 감사를 전한다.

2020년 12월

조은희

contents

01 엄마 리더십의 시작

02 사회적 약자를 위한 큰 걸음

03 발상의 전환으로 복지사업을 펼치다

04 서버먼트를 꿈꾸다

05 희망으로 밝은 미래를 열다

01

엄마 리더십의 시작

내 남자는 내가 선택한다

•

서울대 국문과 대학원에 다닐 때였다. 요즘은 소개팅으로 당사자 끼리 만나지만, 그때는 결혼을 전제로 선을 보던 시절이라 양가 어머니도 함께 만났다. 둘만 남았을 때, 남편이 법철학과 시를 이야기 하는 데 느낌이 딱 왔다. 정말 완벽한 남자라는 생각이 들었다.

게다가 남편과 나는 집안 분위기나 배경에 닮은 점이 많았다. 시아버님은 내 친정아버지와 마찬가지로 초등학교 선생님이셨다. 남편의 고향은 안동, 월곡이라 불렸던 곳으로 지금은 안동댐이 생겨 수몰된 지역이다. 내가 태어난 청송과 가깝다. 이웃 동네 사람을 멀리 서울에서 만나니 더욱 가깝게 느껴졌다.

남편은 친오빠와 대학 동기로, 오빠가 한번 만나보라고 권해서 연이 되었다. 법대 공법학회장이었던 그는 유신 말기 대학축제 때 다른 학회장들과 개헌논의 심포지엄을 준비하다가 1개월간 등교를 금하는 징계 처분을 받았다. 대학 졸업 직후 제23회 사법시험에 합격했는데 징계 전력이 있어 3차 면접에서 두 번이나 떨어졌다. 오빠도 데모 전력 때문에 처음에 면접에서 떨어졌다가 두 번째에서 합격했다.

들리는 말로는 그때 '장군의 아들'이 똑같은 처지여서 제25회 사법시험에서는 시위 전력자도 합격시켜줬다고 한다. 남편은 제도가 변경되자 시험을 다시 봤다. 당시에는 3차 시험을 두 번 볼 수 있었는데, 남편은 제23회, 제24회 3차 시험에서 두 번 모두 떨어지고, 제26회 사법시험에서 1차부터 다시 공부해서 합격했다.

빼빼 마른 몸매에, 작은 키, 얼굴은 새카맣고 뱅뱅 돌아가는 안경을 썼는데 목소리가 정말 좋았다. 선본 자리에서 엄마가 단도직입적으로 데모 전력을 물었는데, 그 좋은 목소리로 차분하게 설명을 잘했다. 먼저 어머니들이 가시고 둘만 남았다. 그런데 이 사람이 독일의 법 실증주의자인 라트부르흐의 법철학과 황동규 시인의 시를 이야기하는 것이 아닌가. 놀람 반 호기심 반으로 그의 말에 푹 빠졌다.

남편은 내가 좋아하는 모든 걸 갖춘 사람이었다. 사회를 향한 문제의식도 있고, 사법시험도 두 번이나 합격했다. 사법시험을 처음부터 다시 봐서 붙었다는 것은 웬만큼 힘든 일이 있어도 좌절하지 않고 도전하고 극복하는 사람이란 의미였다. 지금 생각해보니 정말 제 눈의 안경이라고 할 만하다. 콩깍지가 씌었다는 게 바로 그런 것일

테다. 아무튼 꼭 붙잡고 싶었다.

1월에 처음 만난 이후 다섯 번인가 더 만났는데, 어느 때부터인가 여름이 다 되어가도록 연락이 오지 않았다. 이대로 그냥 끝날지도 모른다는 생각이 들었지만 나도 연락하지 않았다. 여름방학 동안 나는 다이어트와 여드름 치료를 했다. 그리고 방학이 끝날 무렵 먼저 전화를 했다. 몇 달 만에 다시 만났는데 내가 너무 달라져서 놀란 눈치였다. 10킬로그램을 뺐으니 얼마나 날씬하고 예뻐졌겠나.

방학 기간에 그 사람에 대해 더 알아보았다. 법학도지만 문학이나 철학에 관심이 많고, 사회가 어떻게 돌아가는지도 아는데, 장남으로서 결혼에 대한 부담감이 있는 것 같았다. 자유를 속박 당할 수도 있다는 두려움이었을까.

이 남자를 얻으려면 적극적으로 다가가야 할 것 같았다. 그래서 확실하게 준비했다. 내게 마음을 여는 순간 주려고 미리 편지를 써 놨다. 그때는 현대시를 전공해서 그런지 몰라도 내 인생에서 가장 글을 잘 썼던 때였다. 보수적인 지역의 남자란 걸 염두에 두고 편지의 첫머리를 "남 선생님께"로 시작했다. 편지에 결혼이라는 단어를 일부러 한 번도 쓰지 않았다. 대신에 내가 당신한테 줄 수 있는 가장 큰 선물은 자유라고 썼다.

어느 날 기회가 왔다. 함께 희망유원지라는 곳으로 데이트를 하던 날, 남편이 "이번 추석에 집에 가는데, 부모님에게 조 양 이야기를 하겠다"라고 말하기에 이때다 싶었다. 준비했던 편지를 가방에서 꺼내 건네주고는 지금 읽지 말고 댁에 가서 보시라고 했다. 훗날 남편은 "장장 5장이나 자필로 쓴 편지가 내 심장 정 중앙을 탁 때렸다"라고 털어놓았다. 그 편지가 마음을 굳히는 결정적인 계기가 되어 "조 양 하고 결혼하겠다"고 부모님께 말씀드려 허락을 받아왔다. 나의 적극 적인 구애 덕분에 결혼에 성공한 것이다.

지금 남편의 머리는 하얗게 셌다. 책상에 앉아 있는 남편의 뒷모 습을 보면 짠한 마음이 든다. 남편과 나는 삶의 반려라는 말이 어울 리도록 지금까지 알콩달콩 잘 살아왔다. 그런데 만일 나와 결혼하지 않았더라면 더 편안한 또 다른 삶을 영위하지 않았을까. 억척스러운 여자를 만나서 맞춰 사느라 힘들었을 거라는 생각이 든다. 예나 지 금이나 나에겐 여전히 완벽한 남편. 부부가 나이 들면 연민으로 산 다지만 나는 지금도 연애시절의 그 남자와 산다.

갓난아기와 함께 시작한 신문기자 생활

•

갓난아기는 온종일 운다. 배고파서 울고, 기저귀가 젖어서 울고, 추워서 울고, 더워서 울고, 무서워서 울고, 심심해서 울고, 아파서 울 고, 언짢아서 울고, 엄마가 안 보여서 울고…. 아기가 울면 엄마는 바로 응답한다. 어느 엄마나 그렇겠지만, 나도 까무룩 잠들었다가도 아기가 뒤척이는 기색만 있으면 벌떡 일어났다. 하물며 울기까지 하면 두말할 나위가 있겠는가.

조금 더 엄마 경력이 붙으면 아기 울음소리를 분별한다. 배고파서 우는 건지 배가 아파서 우는 건지 그냥 한번 울어보는 건지, 우는 소리가 커지기 전에 바로 알아챈다. 배고파서 우는 아기에게 자장자장 노래를 불러주면 울음을 그치겠는가? 낯선 환경 때문에 우는 아이에게 젖병을 물려주면 달래지겠는가? 초보 엄마는 무수한 실패를 통해 배우며, 아기와 함께 성장해나간다. 나 또한 아기를 낳고 키우며 아기가 왜 우는지, 뭐가 불편한지, 상황을 바르게 파악해 빠르게 응답하는 걸 배워나갔다. 훗날 내가 엄마 리더십이라고 부르게 된 것의 출발점이다.

나는 태어난 지 한 달도 안 된 갓난아기를 데리고 지역신문 기자 생활을 시작했다. 남편은 서울에, 나는 아이와 대구 친정에서 살며 주말부부로 지냈다. 친정 부모님이 아기를 봐주셨지만, 갓난아기 엄마와 신문기자, 주말부부 세 개의 역할 사이를 오가며 정신없이 바쁘게 지냈다. 하지만 이렇게 1년을 지내고 나니 여기저기서 삐걱대는 소리가 나기 시작했다. 남편도 무척 힘들어했다. 이대로는 가정이 무너질지도 모르겠다는 생각마저 드는 차에 마침 서울지사에서 정치부 기자를 충원한다는 소식을 들었다. 바로 지원했다. 다행히 선발되어 가족이 다시 모여 살게 됐다.

　진짜 어려움은 그때부터였다. 당시에는 양육의 사회적 책임을 담은 '영유아보육법' 같은 것도 없었고, 어린아이를 맡길 만한 곳도 없었다. 하루하루 곡예하듯 살았다. 어느 날은 너무 다급한 상황에 처해 잠든 아이를 혼자 두고 업무 차 자리를 비워야만 했다. 한 시간 내로 오려고 했는데 서둘러 집에 와 보니 아파트 입구에서부터 아이 우는 소리가 들렸다. 지금 같으면 아동학대로 신고당할 만한 일이었다. 언제 깼는지 아이가 목이 쉬도록 울고 있었다. 아이를 안고 주저앉아 같이 펑펑 울었다. "미안해 아가야, 미안해. 미안해⋯." 외롭고 서럽고 쓰라린 체험이었다.

　그때 일을 생각하면 지금도 가슴이 미어지고 아들에게 미안하다. 조금 커서는 "엄마 오늘 좀 늦어" 하고 전화를 하면 "엄마, 빨리 와" 하고 전화를 끊었다. 얼마나 중요한 취재를 하느라 늦는지, 아이에겐 아무런 의미가 없다. 낮에 뭐하고 놀았는지, 무슨 억울한 일이 있었는지 아이는 할 말이 많은데, 나는 그 이야기를 들어줄 시간이 없었다. 아이가 초등학교에 들어간 뒤에도 이런 시간은 계속되었다. 혼자 발을 동동 굴러야 했던 시간이 아이 마음에 어떻게 뿌리내렸을지 생각하면 지금도 가슴이 아리다. 엄마로서 사회생활을 하며 아이를 챙길 수 없는 상황이 생길 때마다 무력함과 미안함이 파도처럼 밀려왔다.

워킹맘들은 비슷한 경험이 다 있을 것이다. 아이가 엄마를 필요로 할 때 곁에 있어 주지 못했다는 죄책감을 느끼는 일 말이다. 사회 곳곳을 찾아가는 TV 프로그램 〈유 퀴즈 온 더 블럭〉에 워킹맘들이 나온 걸 본 적이 있다. 14년 경력의 한 주류회사 팀장은 임신 중 경쟁사와 계약 직전인 유명 식당 주인을 만나러 포항으로 달려갔다고 했다. 배부른 몸으로 계단을 오르내리며 식당 일을 도운 정성으로 그 식당과 계약을 성사시켰다는 안쓰러운 무용담을 들으니 아들을 가졌을 때가 떠올랐다.

사실 나는 엄마로 출발하는 순간부터 스텝이 꼬였다. 현대시를 전공했던 국문학자로서의 내 미래를 그리고 있던 때라 박사과정 입학시험을 보기 위해 출산일을 앞두고도 무리했다. 논문을 쓰면서는 '이것도 일종의 태교가 되겠지' 하며 스스로 위로했고 박사과정 입학시험을 치르기 위해 무리하는 가운데 아이를 낳았다. 하지만 그렇게까지 공부를 최우선에 두었는데도 시험에 떨어졌다. 그래서 신문기자로 진로를 바꾸고 아이를 데리고 친정으로 갔다. 아이를 맡길 곳이 없어 일을 그만두어야 하는 수많은 워킹맘에 비하면, 나는 아이가 돌 지날 때까지 친정에서 돌봐주는 행운이 따랐다.

그러나 딱 거기까지였다. 서울로 와서 남편과 둘이 아이를 키우며 많이 힘들었다. 기자는 24시간 가동되는 극한 직업이다. 더욱이 나는 정치부를 지원했기 때문에 아침 일찍부터 한밤중까지 일해야 했다. 녹초가 되어 밤늦게 집에 들어가면 남편은 아이와 씨름하다 지쳐 쓰러져 있기 일쑤였다. 기자에서 청와대 비서관으로 전직한 뒤로는 더 바빴다. 아들이 "엄마 빨리 와" 하고 전화하면 나는 "응응, 근데 어떻게 될지 모르겠어, 먼저 자" 하고 서둘러 전화를 끊곤 했다.

초등학생이 된 아들은 매일 오후 4~5시면 "엄마 집에 빨리 와" 하고 전화를 했다. 대부분의 직장에서도 그 시간은 바쁜 시간이겠지만 더구나 정치부 기자에겐 특종과 낙종의 아슬아슬한 줄타기로 하루 중 가장 피 말리는 시간이었다. 아이 전화를 길게 받을 수가 없었다. "미안, 엄마 오늘 좀 늦을 거 같아." "지금은 좀 바쁘니 이따 전화할게." "저녁 먹고 숙제하고 먼저 자." 이 세 가지 답을 번갈아 하며 초등학생 엄마 시절이 지나갔다.

〈유 퀴즈 온 더 블럭〉 출연자 중 7년 차 과장, 17년 차 부장으로 일하는 엄마들은 아이가 아픈 데 곁에 있어 줄 수 없을 때, 어린이집에 늦게까지 아이를 남겨둬야 할 때 가장 힘들다고 했다. 엄마와 함께 있고 싶은 아이들도 마찬가지다. 엄마의 사정을 알 길이 없는 아이들로서는 외따로 있는 시간이 아픔으로 남을 수밖에 없을 것이다.

무티? 무티(Mutti)!

•

요즘 '엄마 리더십'을 말하면 인기가 없을 거란 말을 가끔 듣는다. 우선 엄마에게 무한 책임을 지우는 것 같이 들릴 염려가 있다. 그뿐만 아니라 아이들이 더 싫어할 거란다. 하지만 나는 엄마 리더십이야말로 지금 우리에게 필요한 응답의 리더십, 공감의 리더십, 실용의 리더십, 섬김의 리더십의 총체적인 모습이라고 생각한다.

엄마는 엄마가 되는 과정에서 자녀들과 함께 성장한다. 일방적인 리더십이 아니라, 가족과 자녀, 상호작용을 통해 함께 아파하고 성장하는 리더십이다. 지시하고 명령하는 엄마는 실패한다. 처음에는 무서워서 따를지 몰라도 상호작용하지 않는 소통은 실패한다. 내가 생각하는 엄마는 어떤 일이든 '되게' 하는 사람이다.

나에게는 두 명의 엄마 리더십 모델이 있다. 양철지붕 집 단칸방에서 나를 비롯한 아이 셋을 지극정성으로 키우며 온종일 검단(천의 제직상의 결함이나 염색 상태 등 겉으로 드러나는 문제점을 검수하는 과정) 일을 하셨던 나의 엄마와 독일의 앙겔라 메르켈 총리다. 나의 엄마는 세 자녀가 각각 자신의 길을 성공적으로 찾아가도록 때로는 자유롭게, 때로는 치열하게 우리를 이끌었다. 지금의 내가 된 데에는 늘 "여자라고 솥뚜껑만 만지며 살아서는 안 된다"며 입버릇처럼 적극적인 사회 진출을 권하셨던 엄마의 영향이 컸다.

돌아보면 엄마에게서 물려받은 것이 참 많다. 우선 직관력이다. 기자생활을 할 때부터 판단이 굉장히 빠르다는 얘기를 들었는데, 행정을 해나가면서도 직관력이 뛰어나다는 말을 듣곤 한다. 이는 순전히 척하면 삼천리였던 엄마 덕이다. 엄마에게 물려받은 직관력과 치열함은 내 삶의 중요한 고비에서 미래의 방향을 결정할 때마다 나침반 역할을 했다.

독일 최초의 여성 총리인 메르켈은 각기 다른 목소리를 충분히 반영하되 원칙을 지키는 '무티(엄마) 리더십'으로 현재 네 번째 임기 중이다. 통일 독일의 첫 동독 출신 총리인 그는 동서독 통일을 이룬 헬무트 콜 총리 시절 여성청소년부 장관으로 정치에 입문해 51세에 총리가 되었다. 2021년까지 네 번째 임기를 채우면 콜의 최장수 기록과 맞먹는 기록을 세우게 된다.

메르켈의 엄마 리더십은 중도우파 노선을 유지하면서도 사민당(SPD)과 녹색당의 진보 정책을 적절히 수용하는 통합의 리더십이자 소통의 리더십이다. 그는 3세 이하 유아 보육체계를 구축해 좌파 진영이 주도해온 이슈를 자신의 것으로 만들었다. 원칙을 지키되 타협을 이끈다는 점이 메르켈 엄마 리더십의 힘이다. 2015년 대규모 난민 수용을 결정하면서 거센 반대에 부딪혔지만, 메르켈은 "정치적이고 인도적 관점에서 결정했다"며 갈등 이슈를 정면 돌파했다.

메르켈의 단호한 모습은 그의 정치적 아버지인 콜 총리와 결별한

데서도 잘 드러난다. 1998년 말 콜 총리가 불법 정치자금 스캔들에 휘말리자 메르켈은 그를 공개 비판하며 정계 은퇴를 촉구해 주변을 놀라게 했다. 이처럼 메르켈 총리의 엄마 리더십은 소탈하면서도 원칙과 소신을 지키고, 자신의 주장을 굽히고 양보하는 것처럼 보이지만 결국 원칙을 버리지 않는다는 점에서 뛰어나다. 부드러우면서도 단호한 포용의 리더십이다.

우리들의 일상에 일일이 섬세하게 손 내미는 행정, 응답하는 행정은 그런 엄마 리더십, 배려와 돌봄의 리더십이라고 생각한다. 옛날 어머니들처럼 자신을 희생하고 가족과 자녀들에게 자신의 삶을 모두 던지는 그런 엄마가 아니라, 아이를 키우며 자신도 성장하는 엄마, 자녀들과 함께 성숙해지는 엄마 그리고 자녀들과 자신의 목소리에 민감하게 응답하는 엄마다. 엄마는 소통의 달인이다. 소통이 잘되어야 제대로 응답할 수 있다.

나는 제때 잘 응답하는 엄마가 아니었다. 계획한 것과 할 일이 너무 많아서 하나뿐인 아들의 목소리를 많이 놓쳤다. 나는 실패한 엄마가 될 뻔했다. 아들과 힘든 시간을 보내며 스스로 괜찮은 엄마가 아니었다는 것을 받아들였을 때 피눈물이 났다. 수없이 넘어지고 비틀거리며 아이와 함께 성장했다. 엄마로 태어나는 사람은 없다. 엄마로 성장하는 것이다. 아이를 키우며 나는 엄마 리더십이 응답의 리더십인 동시에 배려의 리더십이며 돌봄의 리더십이라는 본질을 이해할 수 있었다.

⌂ 미래 세대가 진정으로 원하는 것

"아이를 맡길 곳이 없습니다"

•

보육 패러다임의 변화는 '워킹맘'만을 위한 것이 아니다. 맞벌이 부부와 이들의 부모세대, 보육 서비스를 받는 미래 세대 모두를 위한 정책이다. 2014년 서초구청장 취임 첫해에 국공립 어린이집이 32곳 있었다. 서울시 전체 중 꼴찌였다. 어린이집에 가야 할 아이들은 1만 5,692명인데 어린이집 정원은 9,569명으로 전체 수요의 61%밖에 수용할 수가 없었다.

나는 "국공립 어린이집을 임기 중 2배로 늘리겠습니다!"라고 주민들에게 약속했다. 아이에게 늘 미안했던, 젊은 날의 나를 향해 외치는 목소리나 다름없었다. 또 대한민국의 가장 큰 자산이 사람인데, 그 절반을 차지하는 여성들이 '나 홀로' 육아로 자신의 삶과 꿈을 포기해서도 안 된다는 생각이었다.

하지만 서초구의 땅값이 비싸 국공립 어린이집을 신축할 예산이

턱없이 부족했다. 발상의 전환이 필요했다. 꼭 땅을 사야만 할까? 생각과 프레임을 바꾸니 답이 나왔다. 어린이집을 지을 공간이 중요한 거지 땅을 사고 안 사고는 두 번째 문제였다. 예산을 요리조리 살펴서 전국 최초로 보육기금 80억 원을 조성하고 비싼 돈을 주고 땅을 사는 대신 공공청사와 대학 등에서 남는 공간을 찾아 임차하여 어린이집을 만들었다.

2015년에 4개, 2016년에 8개, 2017~2018년에 각 14개씩 4년 만에 40개 어린이집의 문을 열었다. 1년에 한 곳 생기기도 어렵던 어린이집이 한 달에 한 곳씩 생기는 것을 보고 모두 환호했다. '어린이집 뚝딱 마법사'라는 별명도 얻었다. 마법사라니 당치 않은 말씀이다. 어린이집이 들어설 만한 공간을 찾는 데 앞장서 준 직원들, 그 공간을 제공해주신 분들, 공간을 만드는 일에 협력해준 모든 분에게 감사할 따름이었다.

취임 첫해에 공보육 이용률은 29.5%에 불과했는데, 2019년 12월 말에는 52.3%에 이르렀다. 서초구 어린이 2명 중 1명은 국공립 어린이집을 이용한다는 의미다. 수요를 맞췄으니 다음은 보육의 충실도를 채울 차례였다. 어린이집 원장과 보육교사, 부모님들이 함께 하는 정책토론회 '보육톡'을 열었다. 어린이집 원장들이 서로 자리를 바꿔 근무해보는 '체인징데이'나 보육교사의 행복한 에너지를 응원하기 위한 '보육교사 힐링시스템', 어린이집 하모니 보육 커뮤니티 사업 등 좋은 아이디어가 많이 나왔다.

"3년째 대기 중이에요!"라고 하소연하던 부모님들이 이제는 한숨 돌릴 수 있게 되었다고 감사를 전해왔다. 아이를 맡길 곳이 없다고 울먹이던 전화는 보육의 질을 높여달라거나, 실내 어린이집 공기를 깨끗이 해달라는 요청으로 바뀌었다. 믿고 맡길 곳이 생긴 만큼 챙길 것도 많아졌다. 국공립 어린이집 확충에 이어 2019년부터는 기존 어린이집의 보육 품질 또한 국공립 수준으로 높이는 '서초형 공유 어린이집' 정책을 시작했다.

'공유 어린이집' 정책은 국공립 어린이집과 민간 어린이집, 가정 보육시설 등 각기 다른 형태의 보육시설 3~7개를 지역별로 공동체화해서 전문적인 공동 보육시스템을 운영하는 것이다. 이 프로그램은 아이들 나이에 따라 보육시설 수급이 들쭉날쭉해서 어디는 자리가 비었는데 어디에서는 하염없이 기다려야 하는 문제를 해결하기 위해 만들었다.

어린이집의 위치, 규모, 영·유아원생 비율, 학부모 선호도 등을 고려해 여러 개의 어린이집을 하나의 공동체로 묶어, 각 어린이집을 영유아·영아·유아 전담으로 나누고, 어린이집 간 프로그램 등을 공유하는 것이었다. 그렇게 해서 하나의 공동체로 묶인 어린이집 간에 공동 입소 시스템을 만들어 연령대별 보육 수요를 반영해 반 편성을 했고, 지난 1년간 시범 운영에 참여한 지역의 영아 대기자 수를 대폭 줄이는 데 성공했다. '공유 어린이집'이란 이전에 없던 방식으로 어린이집 운영 구조를 바꿈으로써 입소 대기시간이 줄고, 나아가 정원 충족률까지 올라가는 효과를 본 것이다. 실제 운영 결과 누리아미어린이집의 유아반 정원 충족률은 95.4%로, 서초구 평균 82.2%보다 월등히 높았다.

특히 어린이집 한 곳이 개별적으로 진행하기에는 부담이 있는 공연 관람이나 숲 체험, 부모 교육 프로그램을 공동으로 진행하면서 비용과 인력을 절감할 수 있을 뿐 아니라 어린이집 간에 보육 아이디어와 노하우를 공유하며 서로 부족한 점을 채워나갈 수 있었다. 아울러 공동 발주로 급식과 간식의 질이 높아지고 가방·이불 등 어린이집 물품의 구매 단가도 낮아졌다. 학부모들의 경제 사정에도 큰 도움을 준 것이다. 서초4동 어린이집 4개소에서 시범 운영한 결과 학부모들과 어린이집 교사들의 반응이 좋아, 현재는 구 전체에서 국공립·민간·가정 어린이집 참여율이 50%를 넘어섰다. 시범 운영 1년 만에 전체 어린이집 50% 이상이 참여한 것은 놀라운 반응이다. 이러한 기세를 이어나가 내년은 '어린이집 입소 대기 ZERO 서초' 원년으로 대한민국 보육 패러다임의 변화를 선도할 것이다.

친정보다 더 좋은 엄마들의 아지트

•

이전에 함께 일했던 여성 후배에게 연락이 왔다. 오랜만에 만나서 사업부터 살림까지 별별 이야기를 다 했다. 나보다 한참 아래인 후배는 일하며 아이 키우고 집안일까지 하면서 인내의 한계에 다다른 것처럼 보였다. 머리 꼭대기까지 차오른 스트레스가 폭발하기 직전이었다. 그러니 그런 시절을 넘긴 나를 보자고 한 것 같았다.

헤어질 때 후배는 요즘 읽고 있는 책이라며 한 권을 건네주었다. 책 제목은 《독박육아》, '오늘도 퇴근 없는, 나 홀로 육아 전쟁'이 부제로 달려 있었다. 정치부 기자로 일한 일간신문 여성 기자가 자기 경험을 쓴 책이었다. 그날 저녁, 한두 페이지 들춰 보다 남의 일 같지 않아 한달음에 끝까지 읽었다. 그가 쓴 글 중 가장 기억에 남는 대목이 있었다.

> 내게 아이 키우는 데 뭐가 가장 힘들었냐고 물으면 나는 첫째도 외로움, 둘째도 외로움, 셋째도 외로움이라고 답할 것이다. (중략) 단순한 고독의 차원을 넘어선 외로움, 이 세상 모든 짐을 혼자 짊어지고 있는 것 같은 외로움. 이것이 육아를 더욱 우울하고 힘들게 했다. (67쪽)

독박육아란 말이 낯설지 않았다. 인터넷에서 영어로 독박육아가

뭔지 찾아봤다. 'Single Parenting'(싱글 페어런팅). 이건 좀 아니다 싶었다. 싱글 페어런팅은 한부모 육아다.《독박육아》의 저자도 그렇고, 또 독박육아의 어려움을 외치는 대부분 엄마는 한부모가 아니다. 하지만 남편(아빠)은 직장에서 일해 돈을 벌고 아내(엄마)는 집에서 아이를 키우며 집안일을 돌보는 과거의 성별 분업 흔적이 여전히 뚜렷한 우리 사회에서는, 설사 부부가 똑같이 바깥에서 일을 해도 육아는 여성, 엄마의 일로 남아 있는 게 현실이다. 그러니 "혼자 (억울하게) 뒤집어쓴다"는 뜻을 지닌 속어 '독박'이란 말이 '육아'와 결합한 것이다.

육아는 축복이다. 문제는 왜 여성 혼자 '억울하다, 힘들다, 외롭다'는 부정적인 감정에 파묻혀 그 축복을 제대로 누리지 못하는가에 있다. 인터넷에 여성들이 결혼생활과 시댁, 남편에 대한 이야기를 쓰는 사이트가 있다. 자작이라고 오해받을 만큼 기막힌 이야기들이 많은데, 그중에 많은 유형이 독박육아와 남편의 무관심이다. 한 달 내내 주말 특근이 있다고 나간 남편이 알고 보니 시댁에 가서 낮잠 자며 쉬고 왔더라는 한 여성의 호소는 수많은 네티즌의 분노를 불러일으켰다.

엄마들은 언제, 어디에서 쉴 수 있을까? 어린이집에 갈 나이가 되지 않은 아이를 키우는 엄마들은 "오늘은 애랑 어딜 가지?" 하고 고심한다. 집에서 종일 씨름하는 것도 하루 이틀이다. 날이 좋으면 동네 놀이터나 공원에 가겠지만 근처에 그런 곳이 없거나 날이 궂으면 꼼짝없이 집에 갇힌다.

한두 시간 정도 휴식이 절실하지만, 그 돈으로 차라리 아이 기저 귀를 사겠다는 엄마들도 많다. 요즘은 키즈카페도 있고 어린이를 위한 놀이시설도 많지만 하나같이 상업 공간이다. 돈이 들고 시간에 쫓긴다. 기분을 전환하기 위해 카페라도 가고 싶지만 '아이를 데리고 오다니' 하며 눈치를 주는 시선 때문에 갈 곳이 없다는 엄마들도 많다.

엄마들이 경제 부담 없이 아이를 돌보며 쉴 수 있는 편안한 아지트는 없을까? 《독박육아》를 읽으면서 내가 아이를 키울 때와 근본적으로 달라진 게 없다는 걸 알고 속상했다. 며칠 동안 고민 끝에 '모자보건소' 아이디어가 떠올랐다.

나는 저출생 대책, 독박육아 해소, 여성의 자아실현 충족까지 한번에 원스톱으로 해결해주는 혁신적인 엄마들의 아지트를 만들어보자고 뜻을 세웠다. 국비와 시비 6억 5,000만 원을 들여 대법원 맞은편 건물 1층을 임차했다. 관공서 특유의 딱딱한 공간이 아닌, 편안하고 아늑하고 세련된 공간으로 만들고 싶었다. 저출생 문제를 해결해가는 노르웨이 오슬로 보건소, 영국 토마스 종합병원, 러시아 도시 어린이병원 등 외국 사례들도 찾아봤다. 프랑스 파리에 멋진 모델이 있었다. 파리 시내에는 자치구가 운영하는 모자보건센터가 69개 소나 있다.

우리나라에도 전 세계에서 가장 좋은 모자보건소를 만들고 싶다는 생각이 샘솟았다. 배움과 놀이, 운동, 영양, 힐링, 소통, 건강 등 7개 주제를 정해 이들 공간 하나하나를 편안한 느낌이 들도록 단장했다. 아이들이 뛰어놀 수 있는 '오감놀이방'은 동물 캐릭터와 놀이 도구로 아기자기하게 꾸미고 '건강키움방'은 필라테스 기구를 들여놓았다.

은은한 조명 아래 안마 의자에 누워 쉴 수 있는 '나를 찾는 방'도 만들었다. 공간 디자인뿐 아니라 실제로 엄마들에게 도움이 되는 산부인과 전문의, 영양사, 심리상담사, 놀이치료사 등 전문 인력이 상주하도록 했다. 이렇게 만반의 준비를 마친 뒤 2018년 2월 전국 최초로 임산부 전용 보건소인 '서초모자보건소'의 문을 열었다.

특히 초보맘들에게 특화된 콘텐츠의 인기가 좋다. 전문 영양사가 알려주는 이유식 만드는 법, 아이 낳고 찾아온 몸과 마음의 변화를 해소해줄 운동 프로그램, 육아 스트레스 심리치료는 개설 즉시 바로 마감되는 인기 프로그램이다. 이 가운데서도 '나를 찾는 방'에서 진행되는 일대일 전문심리 상담프로그램이 가장 만족도가 높다. 육아 스트레스를 철저히 비밀이 보장되는 공간에서 맞춤형으로 상담해주는 점이 큰 호응을 얻고 있다. 인터넷 사이트에도 답답함을 호소하는 마당에, 철저히 비밀이 보장되는 전문 상담사가 있다니! 엄마들

서초모자보건소를 찾은 주민이 육아 방법에 대해 상담받고 있다.

서초모자보건소는 월평균 1,600여 명, 연 2만 명에 이르는 엄마들이 방문하며, 엄마들의 아지트라
불릴 정도로 인기가 좋다.

이 매우 좋아할 수밖에 없는 프로그램이다. 게다가 이 모든 프로그램의 이용료가 무료다. 키즈카페나 놀이방에서는 아이들만 즐겁지만, 모자보건소에서는 엄마도 몸과 마음의 건강을 회복할 수 있다.

처음 이 프로그램을 기획할 때는 과연 구청 시설에 몇 명이나 찾아올지 과잉 투자가 아닌지, 걱정 섞인 눈빛으로 보는 사람도 많았다. 예산 편성 때 구의회를 설득하는 일도 쉽지 않았다. 하지만 이렇게 모자보건 정책 콘텐츠를 수요자 중심으로 바꾸었더니 엄마들 사이에서 입소문이 나 1년 만에 2만 명이 이곳을 다녀갔다. 호응이 좋은 인기 프로그램은 수강 신청이 두 달씩 밀려 있다.

요즘 신세대 엄마들은 옛날 엄마들과 눈높이가 다르다. 보육 정책도 거기에 맞춰 새로워져야 한다. 파리에서는 엄마·아기를 위한 특화 보건소 69개를 설치해 예방접종, 각종 치료를 무료로 해주는 데 비해, 우리는 이제 한 곳을 열었을 뿐이다. 예비부부 건강검진, 출산준비교실을 비롯해 기형아·당뇨·빈혈검사 등 임신주수별로 맞춤 지원과 난임부부 인공시술 지원 등으로 임신과 출산에 대한 걱정도 덜어준다. 그래서 모자보건소는 예비엄마들에게도 인기다.

성공적으로 모자보건소를 만들자 경기도와 제주도 등 국내외 지자체 44곳에서 시설과 프로그램을 돌아보고 갔다. 사실 모자보건소는 하늘 아래 새로운 것이 아니다. 전국 지자체 어디에나 보건소가 있고 모자보건 프로그램이 있다. 우리가 달랐던 것은, 요즘 엄마들의 어려움이 뭔가를 찾아내고, 이들의 눈높이에 맞춘 시설과 프로그램을 내놓았다는 점이다. 육아에 지친 엄마들에게는 이곳이야말로 돈도 안 들고, 비가 오나 눈이 오나 낮이든 밤이든 언제든 찾아갈 수 있는 장소다. "친정보다 더 좋아요!" 한 엄마의 말 한마디가 엄마 아지트의 필요성을 증명한다.

이제 남은 숙제는 '독박육아'를 '기쁨 육아' '함께 육아'로 바꾸는 일이다. 우리에게는 이제 '엄빠(엄마아빠)센터'가 필요하다. 아이는 엄마 혼자가 아니라 엄마와 아빠가 함께 키워야 하기 때문이다. 서초구는 아빠들을 위한 '아버지센터'를 열었고, 서울시 자치구 가운데 가장 먼저 아빠들을 위한 육아휴직 장려금을 지급했다. '토요 프렌대디' 등 아빠와 자녀를 위한 프로그램도 마련했다. 전국 자치단체 최초로 문을 연 아버지센터에서는 '아빠는 최고 요리사' '아이들을 위한 감정코칭' 같은 프로그램으로 아버지들이 가족에게 가까이 다가가는 길을 가르쳐준다. 이제 아빠들이 육아를 '도와주는' 시대는 지나갔다. 당연히 '함께하는' 시대다. '엄마들의 아지트'에 이어 아빠들이 함께 육아를 하기 좋은 환경을 만들어주는 것이 지속적인 과제다.

저출생 문제는 보육 문제와 직결되어 있다. 아이를 키울 걱정이 없어야 마음 놓고 아기를 낳고, 직장에서도 일에 몰두할 수 있다. 젊은 엄마 아빠들이 무엇을 걱정하는지, 섬세하게 그 마음을 읽고 실질적으로 도움이 되는 정책을 펼쳐야 한다. 엄마도 아빠도, 애꿎은 친정 엄마, 시어머니 누구도 독박육아를 하지 않는 세상이 올 때 전 세계에서 가장 낮은 출산율 문제도 해결될 것이다.

나는 온종일 방직공장에서 검단 일을 해야 했던 엄마를 도와 어린 나이에도 네 살 아래 남동생을 돌봐야 했다. 내가 엄마가 되어서는 아들을 돌봐줄 손길을 찾아 애태웠다. 언젠가 내 아들이 아버지가 될 때, 나의 며느리는 독박육아란 말을 사전에서나 찾아볼 수 있기를 바란다. 우리 사회가 함께 아이를 키워줄 것이기 때문이다.

도심 속 남성들의 놀이터, 아버지센터

•

퇴임을 앞둔 동장님들과 저녁을 함께하며 은퇴 후 하고 싶은 일을 화제로 대화를 나눈 적이 있다. 대화 중에 좀 놀랐다. 여성 동장님들은 하고 싶은 일이 구체적이고 많았다. 시간이 없어 즐기지 못했던 운동을 배우거나, 외국어를 새로 익혀보겠다는 계획이 많았다. 그런데 남성 동장님들은 뭔가 새로운 것을 배우겠다는 분이 거의 없었다.

"주민의 한 사람으로 주민센터 자치 프로그램을 수강해보시면 어때요?"라고 물었더니, 한 번도 생각해본 적이 없다는 답변이 돌아왔다. "남자가 쑥스럽게 어떻게 가요. 제가 동장으로 있을 때 제법 들어온 민원이 '우리 운동반에 중년 남성 수강생들이 있는데 너무 불편하다'면서 여성 전용 반을 따로 만들어달라는 요청이었어요." 그분 말씀에 다른 남성 동장님들도 고개를 끄덕였다. 정말 그런가? 낯을 많이 가리는 개인 의견인지, 남성들의 전반적 의견인지 궁금해서 당장 서초구 내 자치회관 수강생 현황을 파악해봤다. 실제로 80% 이상이 여성이었다. 부끄러움이 많은 동장님 몇 분의 생각이 아니라, 사회 전반적으로 '남자가 어떻게…' 하는 인식이 실제로 있었다. 타인의 시선에서 자유로운 젊은 세대 사람들은 고리타분하게 느낄 수 있겠지만, 내 또래에서는 이해할 수 있는 상황이었다. 전통적인 성역할 구별이 뚜렷했고, 그 역할을 잘 수행하며 사는 것이 정답이라고 배우며 살아왔던 세대였기 때문이다.

'아버지'로 불리는 중·노년 남성들의 삶은 그래서 외롭다. 가족들과 다정하게 소통을 나누는 시간도, 의미 있는 휴식과 여가도 쉽게 허락되지 않았다. 쉴 틈 없이 달려온 고단한 아버지들이 멈춰서야 하는 순간이 왔을 때, 정작 마음 편히 쉴 수 있는 공간이 남아 있지 않은 게 현실이다. 시민들 일상에 가장 가까이 있는 주민센터에서조차 아버지들은 소외되어 있다. 일밖에 모르고 살아온 이 시대의 아버지들을 위한 새로운 복지 정책이 필요한 시점이라는 생각이 들었다.

마침 그 무렵 휴가를 겸해 충주에서 진행하는 명상 프로그램에 참여할 기회가 있었다. 남편과 함께 3박 4일간 여러 가지 프로그램을 체험했는데, 남편이 생각보다 굉장히 신나게 일정을 즐기는 모습이 낯설면서도 기분이 좋았다. 새로운 건강식 요리법을 배우고 요가 동작을 따라 하는 것이 내게는 익숙하지만 남편에게는 새로운 체험이었던 것이다. 남편만의 특별한 반응은 아니었던지, 이곳 활동에 감명을 받았다며 멀리 충주까지 주기적으로 찾아오는 '남성 단골'들이 제법 많다는 이야기를 들었다. 그만큼 남성들을 위한 여가 공간이 부족했다는 소리다.

여기서 얻은 영감으로 '아버지센터'를 기획했다.《고도원의 아침편지》로 많은 팬을 지닌 언론인 선배 고도원 이사장님을 아버지센터의 위탁운영자로 선정했다. 나는 이사장님에게 자기생활이나 여가에 낯선 아버지들을 위한 멋진 공간을 마련해주시라 부탁했다. "여기까지 올 여유가 없는 남성들이 많아요. 도심 한가운데서 우리 아버지들이 힐링할 수 있는 공간을 함께 만들어봐요. 도와주세요." 그렇게 고도원 이사장님의 아침편지문화재단과 업무 협약을 체결하고 본격적인 사업 준비에 들어갔다.

매주 수요일, 서초구 내방역 앞의 한 건물로 남성들이 들어선다. 신세대 젊은 아빠부터 머리가 희끗희끗한 할아버지까지, 다양한 연령대의 남성들이다. 서초구 아버지센터의 최고 인기 강좌 '아빠는 최고 요리사' 현장 모습이다. 자연스럽게 손부터 씻고 앞치마를 두른 뒤 각자의 자리로 향한 이들은 강사의 지휘에 맞춰 진지한 표정으로 재료를 손질하기 시작한다.

어설픈 칼질에 진땀을 흘리며 "어슷썰기가 대체 뭐냐?"고 묻는 분이 있는가 하면 끙끙대는 옆자리 동료에게 전문가 못지않은 솜씨로 시범을 보이는 분도 있다. 요리가 완성되면 각자 자신이 만든 음식을 함께 즐기면서 지난 일주일의 근황을 나누고 다음 주를 기약하며 집으로 향한다. 주말이면 수강생들이 참여하는 인터넷 커뮤니티에 경쟁적으로 사진이 올라온다. 지난 수요일에 배운 요리를 각자 개성

아버지센터의 수강생들이 반찬 만드는 법을 배우고 있다. 2016년 7월 문을 연 아버지센터는 방배 열린문화센터 5층에 자리하고 있다.

을 살려 다시 만들어본 것이다.

2016년에 아버지센터 문을 열고 4년 만에 4,000명이 넘는 아버지들이 센터를 다녀갔다. 아버지센터는 이름 그대로 아버지들을 위한 전용 공간이다. 주눅 들거나 눈치 보지 않고 마음껏 즐기면 된다. 열자마자 마감되는 '아빠는 최고 요리사' 프로그램은 어느새 30기를 넘기는 대표 프로그램으로 자리 잡았고, '행복한 아버지 합창단'은 100인이 모여, 서초구 최대의 문화 축제 '서리풀 페스티벌' 개막 무대에서 성공적으로 데뷔했다. 사군자반과 서예반에서는 매년 공식 대회에서 입선과 특선을 배출하는 등 꾸준히 좋은 성과를 내고 있다. 은퇴 이후 경제생활을 위해 4차산업 등 상식을 키워주는 '금융톡' 등 교양 강좌도 인기가 많다. 그중 단연 눈에 띄는 부분은 아버지들 사이의 끈끈한 네트워크다. 지금은 건물의 한 층을 센터로 운영하고 있는데, 찾아오는 아버지들이 점점 많아지는 바람에 더 넓은 곳으로 이사를 가려고 적당한 장소를 구하는 중이다.

아버지센터의 지향점은 처음부터 한결같다. '아버지가 살아야 대한민국이 산다.' 가족과 대화도 못 하고 어쩔 수 없이 혼자 등산이나 낚시를 하러 가는 아버지는 대한민국에 더 이상 없어야 한다. 아버지가 살아야 가정이 살고, 가정이 바로 서야 대한민국도 바로 설 수 있다. 대한민국의 모든 아버지가 행복한 그 날까지 아버지센터의 도전은 멈추지 않을 것이다.

한 아이가 자라는 데는 온 마을이 필요하다

•

돌볼 사람 없는 집에 아이만 덩그러니 남겨두고 나와야 했던 그 시절에서 30여 년이 흘렀는데 지금도 그런 이야기를 듣는다. "아이를 맡길 곳이 없습니다. 워킹맘의 사정을 부디 살펴주세요." "아이가 둘인데 큰 애가 세 살부터 초등학교 입학 때까지 어린이집에 자리가 나지 않았어요"라는 한숨 섞인 목소리가 여기저기서 들려온다. 나는 내가 겪었던, 눈물 나는 육아 경험을 후배 엄마들에게 물려주고 싶지 않다.

나의 육아 기억을 떠올리며 양육에 도움이 되는 정책을 만들기 위해 온 힘을 기울였다. 당장 긴급 육아 돌봄이 필요한 가정에 야간까지 서비스를 제공하는 서초의 '119 아이돌보미 사업'을 육아 공백을 막기 위한 필수 사업으로 시작했다. 이용 시간을 기존 오후 8시에서 10시까지 연장했다. 이용 횟수도 월 5회에서 6회로 늘렸다.

어떻게 하면 아이를 함께 키워주는 세상, 엄마를 안심시키는 세상을 만들 수 있을까? 세계 최저의 출산율을 걱정만 하지, 당장 태어난 아기를 돌볼 길이 없는 사정에 대해서는 여전히 둔감한 것이 우리 현실이다. 만약 우리나라 제조업이 세계 최저 수준이라든지, 국방력이 세계 최저 수준이라면 지금과 다른 정책과 예산을 편성했을 것이다. 남성들이 집안 살림을 했다면 설거지 기계, 다리미 기계가 100

년 전에 나왔을 거라는 말이 있다.

저출생 문제는 뿌리에서 접근해야 한다. 보육 정책의 패러다임을 완전히 바꿔야 한다. 남성은 밖에서 돈을 벌어오고 여성은 집안 살림을 도맡는 19~20세기형 성별 분업 체계가 와해되고 있는데, 정책과 예산은 여전히 출산과 양육을 여성 몫으로 간주하는 경우가 적지 않다.

많은 엄마가 아이 때문에 '결국' 직장을 그만둔다. 버티고 버티던 엄마들도 아이가 초등학교에 입학하거나 새로 학년이 올라갈 때 회사를 그만두는 바람에 여성들 사이에서 3월은 잔인한 달이라는 씁쓸한 농담도 있다. 남녀가 만나 결혼하고 아이를 낳아 키우는 데 왜 여성만 '경단녀'(경력 단절 여성)가 되어야 하는가. 남성과 똑같이 교육받고 사회생활 하는 21세기 한국 여성들이, 독박육아를 피하기 위해 아이 낳기를 피하고, 아이 낳기를 피하기 위해 결혼 자체를 피하는 것이 아닌지 우려된다.

저출생 문제를 풀기 위한 해답은 간단하다. 아이를 키우는 일을 모두의 책임이라 생각하고 온 사회가 함께 나서면 된다. 지금의 문제를 풀면 미래의 문제도 풀린다. 서초구에서는 공동육아 모임을 적극적으로 지원하고 있다. 미래를 위해 공동체 정신으로 독박육아 문제를 풀고, 나아가 마을 공동체의 가치를 더욱 발전시키는 모습을 만들어나가려 한다.

마을 주민들의 공동육아를 기반으로 시작한 공동육아 모임은 '한 아이가 자라는 데 온 마을이 필요하다'는 아프리카 속담을 현실에서 증명한다. 2011년에는 모임이 10개뿐이었는데 매년 크게 늘어 2020년 현재에는 총 122개 모임이 활발하게 활동하고 있다. 모임마다 자녀 양육과 교육 스타일이 다르다. 어떤 곳은 영어로 대화하며 미술·체육·요리 등 다양한 활동을 하고, 어떤 곳은 좀 더 자유로운 분위기로 부모들과 정서적인 교감을 나눈다. 숲이나 꽃을 보거나 생태학습을 나가는 등 자연 친화적인 활동을 하기도 한다.

아빠들의 참여를 유도하기 위해 모임을 할 때마다 참여 가구당 1만 원씩 주는 지원금을, 아빠가 참여할 경우 2만 원으로 지원 액수를 늘렸다. 아빠들이 처음부터 활발하게 참여한 것은 아니다. 어쩌다 참여한 아빠들도 멀뚱멀뚱 앉아 있기 일쑤다. 그러나 모임이 진행되면서 눈에 띄게 달라진 모습을 보인다. 금요일 밤이면 주로 회식에 참여했던 한 아빠는 "공동육아 모임에 참여하고 나서부터 이 모임의 다른 아빠, 아이들과 불금을 함께 보내고 있다"고 활짝 웃으며 말했다. 무엇보다 긍정적인 건 아이를 키우는 책임감과 부담을 부모가 함께하고, 그 과정에서 가족 간의 사랑과 유대가 더욱 깊어진다는 것을 체험하고 있다는 고백을 자주 듣는다는 거다.

엄마들 또한 육아 스트레스가 크게 줄고 행복해졌다고 말한다. 덕분에 둘째 아이를 결심한 엄마도 있다. 동갑내기 남편을 둔 양재동

서초구에서는 만 0~5세 영유아 자녀(손주)를 둔 3~8가족으로 구성된 공동육아 모임이 있다.

아빠들의 공동육아 모임. 서초구에서는 아빠들의 육아 참여를 응원하기 위해 아빠 육아휴직지원금을 준다.

의 한 젊은 엄마는 "아이 아빠가 적극적으로 육아에 참여하는 것을 보고 둘째를 낳아도 힘들지 않고 행복할 수 있겠다는 생각이 들었다"고 말했다. 그러면서 "아이와 친해진 남편을 보며 남편이 '다시' 고맙고 좋아졌다"고 했다. 다시 고마워졌다니! 남편의 귀가 번쩍 뜨이는 말이다.

물론 아빠들이 본인 의지만으로 적극적으로 육아에 참여할 수 있는 것은 아니다. 아빠들의 고충도 크다. 아빠도 육아휴직을 할 수 있도록 법과 제도는 마련되었지만 아직 누구나 쉽게 결정하기 어려운 형편이다. 이를 불편하게 바라보는 직장문화도 문제지만, 휴직 기간에 경제 문제도 결코 가볍게 볼 수 없다. 그래서 서초에서는 남성들의 육아휴직을 장려하는 의미에서 '아빠 육아휴직 장려금'을 새로 만들어 1년간 월 30만 원씩 지급하고 있다. 아빠들이 얼마나 적극적으로 육아에 참여할지는 사회에서 하기 나름이다. 나는 작은 결실을 보기 위한 씨앗을 곳곳에 심어놓았다.

서로를 돌보기 위하여

•

"내 자식 조금 더 자라고, 1시간이라도 더 편하라고…."
손주를 안은 할머니의 말에 젊은 엄마가 눈시울을 훔친다. TV 육아 프로그램을 보다 나도 뭉클했다. 할머니는 직장에 다니는 딸을 위해 황혼육아에 나섰다. 젊은 시절 딸을 키우느라 직장을 그만두었다는 할머니는 "내 딸은 나 같은 아픔을 겪지 않도록 해주고픈 마음"뿐이란다. 2018년 보건복지부의 보육 실태조사에 따르면 맞벌이 부부가 아이를 보육시설이 아니라 개인에게 맡기는 경우 조부모가 83.6%로 압도적으로 많았다.

늘그막에 손주를 돌보는 할마·할빠의 황혼육아가 늘어나고 있음을 보여주는 통계다. "자식 키울 때 못 해준 것, 지금 해주는 셈이에요." "내 몸이 늙는 거지, 내 사랑은 늙지 않아." 할마·할빠들의 댓글에 젊은 부모들의 댓글이 꼬리를 문다. "맴찢합니다. 친정 부모님 생각을 다시 한 번 하게 되네요. 나라에선 출산을 장려하는데 애 키우기는 쉽지 않고, 복직하면 이제 어쩌죠" "맡기는 게 죄송스럽긴 하지만 키워주실 분이 있는 게 부러워요." "저도 곧 육아휴직 복직하는데 걱정이네요.ㅜㅜ"

젊은 엄마들의 마음이 힘들다. 툭하면 야근인 워킹맘들은 아이를 맡긴 부모님에게 죄책감까지 갖고 있다. 이를 지켜보는 젊은 아빠들도 마음이 편치 않다. 아이 키우는 젊은 엄마 아빠들이 힘겨워하는 사회는 미래가 결코 밝지 않다. 날로 뚝뚝 떨어져가는 혼인율과 출산율이 이를 보여준다.

현재 우리나라의 보육시스템으로는 '돌봄 공백'을 다 메울 수가 없다. 직장을 그만두기는 쉬워도 복귀하기는 어렵다. 보다 못해 뛰어든 할마·할빠도 힘들다. 아이를 안고 업고 온종일 씨름하다 보면 어깨와 손목뿐만이 아니라 온몸의 관절 마디마디가 쑤시고 아프다. 통계에 따르면 황혼육아로 아이를 돌보는 시간은 하루 평균 7.87시간이라고 한다. 매일 8시간 가까이 노동을 하느라 파스를 붙이고 침을 맞아가며 육아 전쟁을 치르는 경우도 적지 않다.

이런 할마·할빠들의 고충에 주목해, 서초구는 서울시 자치구 중 유일하게 '서초 손주돌보미' 제도를 운영하고 있다. 조부모가 손주를 돌볼 경우 손주 가정의 자녀수와 맞벌이 여부에 따라 월 최대 24만 원(시간당 6,000원/월 최대 40시간)을 6·9·12개월 동안 지원해주는 제도다.

지원을 받기 위해서는 어르신들이 베이비 마사지, 종이접기, 구연동화 등 25시간의 돌봄 교육을 받아야 한다. 처음에는 할머니만 대상이었으나 할아버지도 포함시켰다. 두 자녀 이상에서 한 자녀 가정까지로 혜택 범위를 늘렸다. 최근에는 코로나19로 온·오프라인 강의를 병행하고 있는데 어르신들 사이에서 대단히 인기가 좋다. 한 어르신은 "배운 대로 했더니 손주가 '할아버지가 세상에서 제일 좋다'고 했다"며 자랑하셨다.

산모를 위한 지원책으로 자기 집에서 산후조리 서비스를 받고 이용 금액 중 90%를 환급받을 수 있는 서비스가 있다. 부부 중 한 명이 서초구에 주민등록을 두고 1년 이상 거주 중이면 신청할 수 있다. 초보 엄마를 위한 방문 육아 교육도 제공한다. 아기를 낳은 지 4주 이내에 국제 모유 수유 전문가 자격을 가진 영유아 간호사가 가정을 방문해 모유 수유, 아이 달래기 방법 등을 1대 1로 지도해준다. 또, 둘 이상의 자녀를 키우는 부모들의 양육 부담을 줄이기 위해 아이돌보미를 집으로 파견하는 '양육 서비스'도 제공한다. 월 최대 50시간 이용할 수 있다. 갑작스러운 야근·출장·질병 등으로 급하게 아이 맡길 곳이 필요할 때 간단한 신청으로 긴급 아이돌보미 서비스를 받을 수 있다. 이외에도 다양한 지원 사업이 있다.

서초구의 손주돌보미와 산모돌보미 등은 양육 부담을 덜어주고 '돌봄 공백'을 메우기 위한 세심한 고민 끝에 만든 정책들이다. 3년간 서울시에서 여성가족정책관으로 보육 업무를 맡았을 때도 마찬가지였다. '서울형 어린이집' '365 열린 어린이집' '시간 연장형 보육시설' 등 엄마들의 보육 환경에 실질적인 보탬이 되는 맞춤형 서비스들을 다방면으로 마련하기 위해 노력했다. 보육으로 겪는 고충들이 하나하나 내 문제처럼 느껴져서 더욱더 관심이 갈 수밖에 없었다.

'서울형 어린이집'은 맞벌이 부부가 많은 서울시에서는 정말 중요한 정책이었을 뿐 아니라 보육 정책에서 공공의 역할이 얼마나 중요한지 실감한 정책이기도 했다. 서울형 어린이집의 핵심은 모든 어린

할머니와 손주가 함께 사이좋은 한때를 보내고 있다.

서초구는 서울시 자치구 중 유일하게 '손주돌보미' 제도를 운영한다. 어르신들은 베이비 마사지, 종이접기, 구연동화 등 25시간의 돌봄 교육을 받아야 한다.

이집을 많은 사람이 선호하는 국공립 어린이집 수준으로 끌어올리고 안심보육·맞춤보육 서비스를 제공하는 것이다.

안심보육과 맞춤보육을 위해 서울형 어린이집 모델에 맞춰 공공보육시설을 확충하고 서울키즈센터와 영유아플라자를 확대·설치했다. 서울형 어린이집은 당시 서울시 보육사업 중 가장 큰 부분을 차지하는 사업이었다. 맞춤보육, 안심보육, 클린운영으로 보육료는 낮추고 서비스 수준은 올려서 맞벌이 가정에서 보육 걱정 없이 아이를 키울 수 있도록 하는 것이다.

특히 수요에 비해 공급이 크게 모자라던 만 2세 이하 영아 전담 보육시설, 장애아 통합 보육시설, 보육 시간 연장에 힘썼다. 일정한 조건과 기준을 갖춘 민간 어린이집을 서울형 어린이집으로 공인하고, 공인받은 시설에는 국공립 수준으로 교사와 시설을 재정 지원하는 한편 급식 재료 공동 구입과 조리, 위생 등 운영 기준도 적용했다. 이를 지켜볼 '안심보육 모니터링단'도 구성했다.

그래서 처음에 민간 시설을 통제하려는 정책으로 오해를 샀지만, 정책이 시행되면서 수요자인 부모님과 공급자인 어린이집 원장 선생님, 교사들 모두 큰 호응을 보였다.

이 외에도 긴급·일시 보육 서비스를 제공하는 '365 열린 어린이집', 저녁 늦은 시간과 주말 휴일에도 어린이를 돌봐주는 '시간 연장형 보육시설', 장애 어린이 통합 보육시설, 다문화 가정 자녀 통합 보육시설을 확충했다.

내가 아이 키울 때만 그런 줄 알았는데, 근 20년이 지나도 별 차이가 없었다. 아이가 어릴수록 어린이집 찾기가 어려운 현실도 그대로였다. 그래서 생후 3개월에서 12개월까지 아이를 돌보는 0세아 종일 돌봄을 확대하고 각 지역에서 이뤄지고 있는 공동육아 프로그램도 지원했다.

서울형 어린이집 사업 2년 동안, 서울시 보육시설의 44%인 2,592개가 서울형 어린이집으로 다시 태어났다. 각 자치구마다 영유아플라자를 만들어 부모님들이 집에서 아이를 돌보는 데 필요한 정보를 제공했다. 2007년 서울 전역에 3곳밖에 없었는데 2011년에는 21곳으로 늘었다. 이처럼 보육 환경을 개선하기 위한 노력과 엄마들의 어려운 현실에 귀 기울이기 위한 노력에는, 내 실제 경험들도 녹아 있다. 갓난아기를 둔 초보 워킹맘, 혼자 감내해야 했던 경험들, 아이를 키우는 동안 곡예하듯 지내야했던 시절들이 고스란히 서울시 보육 업무와 서초구 정책에 반영됐다. 내가 겪었던 어려움들에서 나아가 여전히 공감하는 오늘날 엄마들의 어려움을 조금이나마 덜어줄 수 있길 바라는 마음을 담아본다.

서초구민이라면 다음 정보 박스를 참고해 꼭 혜택을 받길 바란다.

✚ 거점형 시간 연장 어린이집

맞벌이 가정이 야간 근무로 불가피하게 저녁 늦은 시간까지 아이를 맡겨야 할 때를 위해 10월부터 서초구 내 어린이집 6곳이 거점형 시간 연장 어린이집으로 운영된다. 거점형 시간 연장 어린이집에서는 전담 보육교사가 야간돌봄이 필요한 만 0세~만 5세 영유아를 부모가 오기 전까지 돌봐준다. 거점형 시간 연장 어린이집으로 지정된 어린이집은 서초권역 서리풀 어린이집·서초연꽃어린이집, 반포권역 사랑의 어린이집, 방배권역 도구머리어린이집, 양재권역 양재2동어린이집, 내곡권역 포레스타2단지 어린이집 6곳이다.

✚ 임신 축하 선물

임신을 하면 먼저 서초구보건소에 가서 임산부 등록을 하고 '임신 축하 선물'을 받자. 오가닉 내의, 배냇저고리, 속싸개, 손수건 등 신생아 의류 용품들이 한가득 들어 있는 커다란 선물 박스를 준다. 주 수에 따라 엽산제, 철분제도 제공한다. 선물 상자에 들어 있는 '서초가족 행복육아 안내서'에선 앞으로 얻을 수 있는 다양한 임신·출산·양육 관련 혜택을 확인할 수 있다. 임신 기간에 축하 선물을 받지 못했어도 출생신고를 할 때 신청하면 택배로 받을 수 있다.

✚ 아이돌봄콜센터

서초에서는 전국 최초로 출산·육아·돌봄·보육 지원책을 통합 안내하는 아이돌봄 콜센터(02-2155-6000)를 운영한다. 임신 축하 선물부터 초등 돌봄까지 구에서 지원하는 모든 정책에 대한 안내를 받을 수 있다. 월~금요일, 오전 9시부터 오후 6시까지 운영한다.

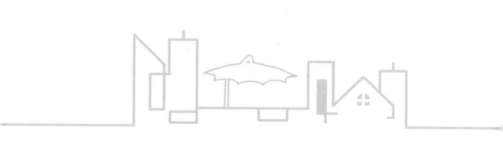

02

사회적 약자를 위한 큰 걸음

정치부에서 우뚝 선 여기자

정치부 기자가 된 엄마

•

나는 다섯 살 때부터 일하는 엄마 대신 네 살 아래 동생을 돌봤다. 남 앞에 나서기 쑥스러워하는 여드름쟁이 소설광이기도 했다. 대학 입학면접 시험 차 서울을 간다고 했으나 기차를 반대로 타고 밀양까지 간 촌닭이었다. 돌이켜 보니 나는 늘 주류에 속하지 못한 마이너리티 의식을 가지고 살았다. 하지만 이런 의식이 사람을 위축시키기만 하는 것은 아니다. 풍랑이 있으면 배는 더 빨리 나아간다는 말처럼 역경은 새로운 길로, 혹은 앞으로 나아갈 수 있게 하는 추진 동력이 될 수도 있다. 지나올 때는 힘들어 모르지만 나이 들어 돌아보면 깨닫게 되는 삶의 지혜라고 하겠다.

20대 때 박사과정 진학에 실패한 것이 그랬다. 석사과정을 함께 공부한 20명의 대학원생들 중에서 나 빼고 19명이 서울대 국문학과를 나온 모교 출신 학생들이었다. 전공도 다르고 출신 대학도 달랐던 나는 더욱 분발할 수밖에 없었다. 대학원생이었을 때 결혼한 나는 박사과정 입학시험을 보려고 출산을 앞둔 몸으로 무리해야만 했다. 하지만 결국 실패하고 말았다.

지금 생각해보면 한두 학기 정도 미뤄도 됐는데, 그때는 그 시험에 모든 것이 달린 듯 중요하게 생각했다. 출산 후 삼칠일도 안 되어 시험을 봤는데 떨어지니까 '내 길이 아니구나' 하는 생각이 들었다. 그때 나는 국문학자 지망생으로는 실패의 쓴잔을 맛봤다. 떠밀리듯 국문학 대신 다른 길을 택했다.

그렇지만 그때 대학원 동기들 가운데 학자로서 평생을 산 사람이 몇 명이나 될까? 지금 20~30대 가운데 자신을 마이너리티라고 생각하며 힘들어하는 이들이 정말 많다. 그런 청년들에게 진심으로 말해주고 싶다. 마이너리티, 아웃사이더의 경험도 힘이 될 수 있다고. 위축감은 종종 발사체를 추진시키는 연료가 될 수 있다고.

마이너리티의 힘은 생각보다 세다. 실패해봤자 크게 손해 볼 게 없기 때문이다. 얼어붙은 바다를 뚫고 나아가는 쇄빙선처럼 길이 없으면 스스로 길을 내는 힘이 마이너리티의 비밀병기다. 아웃사이더도 남들이 가지 않는 길을 열어 가며 성취감을 얻을 수 있다. 서울대 국문학과 박사과정 진학에 고배를 마신 나는 그 길을 버렸다. 부모님은 내가 계속 공부해서 대학교수가 되길 바라셨고, 주위 선배들도 다음 해 봄에 다시 도전해보라고 권유했지만 마다했다.

바랐던 길을 돌아선 후유증일까. 심신이 약해져 몸이 고장 났고, 많이 아파 병원에 입원했다. 아들을 갓 낳은 몸으로 겨울 찬바람을 무릅쓰고 악착같이 가려던 그 길에서, 내가 받아들여지지 않았다는 사실에 충격이 그만큼 컸다. 길은 뜻밖의 곳에 있었다. 병상에서 우연히 영남일보 기자 모집 공고를 봤다. 놀랍게도 나이 제한이 없다는 공고를 보자마자 결심했다. 인생을 바꾸겠다고. 남편도 격려와 지지를 했다. 당신은 책상 앞에 앉아서 연구할 타입은 아니라고, 활발하게 여기저기 다니는 기자가 더 맞을 거라고. 나를 낳아 키우며 '기대'가 앞섰던 부모님보다 어른이 되어 만난 남편이 나를 더 정확히 봤는지도 모르겠다.

그때는 그저 남편이 나를 위로하려고 하는 말이라는 생각도 들었지만, 진로를 바꾸려는데 응원을 해주니 큰 힘이 되었다. 그렇게 해서 나는 영남일보에 입사했다. 대구에 있는 친정에 아이를 데리고 가서 부모님께 맡기고 제2의 인생을 시작했다. 남들은 일하다 결혼하고 아이를 낳는데, 나는 결혼해 아이가 있는 상태에서 일을 시작하니 정신적으로 안정감을 느꼈다. 그렇게 주말부부로 산 지 1년쯤 되었을 때 남편이 못 견디겠다고, 너무 힘들다고 했다.

가정이 흔들리면 안 된다는 생각이 번쩍 들었다. 마침 그때 서울지사에서 정치부 기자를 뽑는다기에 용감하게 편집국장에게 편지를 썼다. '바야흐로 지방정치 시대가 오고 있고 여성들도 정치를 봐야 한다, 지방선거는 풀뿌리 선거인데 이 풀뿌리 선거는 여성이 취재해야 한다.' 이런 논리를 폈다. 편집국장은 내 적극성을 보고 서울지사로 발령을 냈다.

그런데 당시 서울 지사장 격인 서울 정치부장이 문제였다. 여기자가 정치권을 취재한다는 것을 받아들이지 못하는 분이었던 것이다. 서울의 중앙일간지에서도 정치부 여성 기자를 찾아보기 힘들던 시절이기도 했다. 서울지사의 정치부장은 나를 1년 동안 외부 취재를 허락하지 않고, 사무실에 앉아 기사를 받아쓰는 내근 일을 시켰다. 영역 안에서 또 마이너리티, 아웃사이더가 된 기분이었다. 출입처로 취재나간 기자들이 "오늘 민주당 김영삼 대표는…" 이렇게 기사를 부르면 사무실에 앉아 그걸 받아썼다.

하지만 이번에도 축복은 고난의 겉옷을 입고 찾아왔다. 1년 동안 그 일을 하며 기사 쓰는 실력이 많이 늘었다. 상황을 파악하는 정보도 엄청 늘었다. 각 당 출입 기자들은 자기가 취재하는 쪽 소식밖에 모르지만, 나는 안에서 3당 출입기자들이 부르는 기사를 모두 받아 적다 보니 각 당 사정도 두루 알게 되고, 종합적인 정치 흐름도 읽을 수 있었다.

1년을 그렇게 수습기자들이나 하는 받아쓰기를 하고 나니까 어떤 기사가 잘 쓴 건지, 못 쓴 건지 평가도 할 수 있게 되었다. 체면보다 실제를 더 중요시하는 나의 실용주의자의 면모가 힘이 되었다. 당장은 내 이름 한 줄 나가지 않았지만, 나는 정치 기사를 쓰는 훈련을 월급 받아가면서 한 셈이다. 어떤 사안이 던져져도 10분 안에 스트레이트 기사를 쓸 수 있게 됐고, 단독 인터뷰는 어떻게 따는지 노하우도 익혔다. 무엇보다 지루한 질문과 뻔한 기사가 어떻게 외면 받는지도 알게 되었다.

참고 견디다 보니 드디어 국회로 현장 취재를 나갈 기회가 왔고, 내 이름도 기사 말미에 한 줄씩 나가게 됐다. 다만 여전히 메인은 아니었다. 통상 공동 취재로 기사를 쓰면 선후배 순으로 이름을 표기하고, 동기인 경우에는 기여도에 따라 이름 순서를 정한다. 그런데 당시 데스크(신문 편집부에서 기사의 취재와 편집을 지휘하는 직위)에서는 내가 동기랑 같이 쓴 기사에도 가나다순이라면서 늘 그 친구 이름을 먼저 넣었다 성을 가 씨로 바꿀 수도 없는 노릇이고, 조용히 가서 항의했다. 그 후에야 기여도에 따라 내 이름이 앞에 나오는 경우도 생겼다.

나는 신문사 안에서도 마이너리티였지만, 외부에 나가서도 취재원들 사이에서 마이너리티였다. 나뿐 아니라 지역신문 기자들은 중앙일간지에 비하면 언제나 마이너리티 대접을 받았다. '중앙' 정치인들에게 접근하기도 쉽지 않았다.

하지만 마이너리티 특성은 결국 나에게 엄청난 자산이 되었다. 지역신문기자인데다 여성 기자로 이중의 마이너리티 설움이 있었지만, 오히려 조금만 움직여도 눈에 띈다는 장점이 되기도 했다. 그때 중앙일간지 정치부에는 여성 기자가 별로 없었다. 국회 기자실에 등록한 여성 기자는 네 명뿐이었다. 그래서 우리는 뭉쳤다. 일명 '여기자단'이라 불렸던 인물은 나를 포함해, 제주도 올레길 개척자로 유명한 서명숙 선배, 김대중 정부 후반에 큰 특종을 한 임도경 선배, 지금은 서울신문의 중견 기자인 불교방송 최광숙 기자다. 이렇게 4명의 국회 여기자단이 부르면 안 나오는 정치인이 없었다. 마이너리티의 힘으로 주류가 하지 못하는 취재도 많이 했다. 마이너리티의 특징은 억척, 도전, 공조, 단합 등이다. 나는 이런 특징 덕분에 마이너리티가 더 잘할 수 있는 일이 있다는 것을 체득했다.

지역신문 여기자의 마이너리티 생존기

•

내가 영남일보 서울지사에서 열심히 기사를 받아쓰던 때는 노태우 대통령이 김영삼, 김종필 등 야당 지도자와 3당 합당을 꾀하던 시기였다. 3당 합당을 하려면 5공 청산이 화두였다. 특히 5·18 광주 민주화운동 당시 특전사령관을 지냈고 군부 핵심으로 손꼽히던 정호용 의원의 사퇴가 5공 청산의 관건으로 떠올랐다. 이러한 정권의 의지가 반영되어 정호용 의원은 의원직을 사퇴해야 했고, 1990년

4월 대구 서갑 보궐선거가 치러졌다. 대구 서갑 보궐선거는 5공 청산과 3당 합당의 정당성을 심판받는 상징성을 띠었다. 그러나 정 의원은 자신이 5공 청산의 희생양이 되어야 하는 상황을 끝내 받아들이지 못하고 자신의 사퇴로 실시되는 보궐선거에 무소속으로 출마를 강행했다.

무소속인 정 의원이 당선될 분위기가 감지되자, 불안한 정부는 정 의원에게 또다시 후보 사퇴 압력을 넣었다. 압박이 심해지면서 정 의원 부인이 자살을 기도하는 소동이 있었다. 이를 영남일보 정치부에서 특종 보도했다. 정 의원 부인은 '꽃님이 엄마'로 불렸는데 그때 꽃님이 엄마 유서를 아직도 보관하고 있다. 그 소동 속에서 정호용 의원이 갑자기 잠적해버렸다.

흐름상 집권당에서 정호용 의원을 빼돌렸다고 생각한 나는 당시 민정당 선거대책본부장인 김중권 사무부총장에게 달려가서 거칠게 "정호용 어디 숨겼냐, 어디로 빼돌렸냐"고 추궁했다. 그때 나는 그게 얼마나 무례한 행동인지 몰랐다. 나중에 살펴보니 취재 열정에서 나도 모르게 저지른 엄청난 결례였다. 어쨌거나 이 일이 인연이 되어 김 의원과 묘한 인연이 이어졌다. 김 의원은 가끔 나에게 특종 거리를 주었고, 1998년 김대중 정부 초대 비서실장이 되면서 함께 일하자고 나를 추천해주었다.

마이너리티인 내가 기자로 일하며 여러 특종을 낼 수 있었던 것은 바로 '억척이' 정신 덕분이었다. 앞서 말한 정호용 의원 실종 사태 때 일이다. 정 의원이 미국에 있다는 정보를 입수하고, 무작정 샌프란시스코행 비행기를 탔다. 신문사에는 휴가를 내고 내 돈으로 비행기 티켓을 사서 갔는데, 한 걸음 차이로 정 의원을 놓쳐버렸다. 아무리 그래도 남의 집에 꾀죄죄하게 갈 수 없어서 공항 유료 샤워장에서 샤워까지 하고 갔는데 그새 내가 왔다는 소식을 듣고 집에서 나가버린 것이다.

꽃님이 엄마가 문밖에 나와, 정 의원이 집에 없다고 그냥 돌아가라고 했는데도 나는 집 앞에서 밤을 새워 기다렸다. 기자들 용어로 밤샘 뻗치기를 한 것이다. 그날 밤 낯선 이국 땅 새너제이의 밤하늘에는 무슨 별들이 그리도 많고 어쩌나 반짝이던지! 별을 세며 긴긴 밤을 꼬박 지새웠다. 다음 날 아침 집 안에서 된장국 끓이는 냄새가 흘러나오고 부산스러워지더니 꽃님이 엄마가 집 밖으로 나왔다. 그리고 밤새 대문 앞에서 자리를 지킨 나를 보자 기겁하며 "진짜로 정 의원이 어디 가고 없다"며 시내 관광이나 하러 가자고 했다. 나는 제안을 거절하고 씩씩거리며 모텔로 돌아왔다.

너무 분해서 엉엉 소리 내어 울었다. 평생 그렇게 운 건 처음이었다. 그깟 샤워 때문에 특종을 놓치다니! '앞으로 머리카락이 떡 지고 기름 범벅이 되는 한이 있어도 취재가 먼저다!'라고 이를 악물며, 특종 실패기를 기사로 썼다. 그런데 신문사에서는 실어주지 않았다.

이런저런 사정을 고려했던 것이다. 그래서 나는 재미 언론인 김은이라는 가명을 써서 이를 경향신문에 기고했다. 어떻게든 이 소식을 알리고 싶었다.

이 특종 실패기는 또 다른 인연으로 이어졌다. 나는 경향신문의 시사주간지 뉴스메이커에 합류했다. 거기서 김대중 정계 복귀를 시사하는 괌 특종을 했다. 그 역시 마이너리티 정신이 맺은 성과였다. DJ가 괌에 있다는 정보를 얻은 나는 이번에도 휴가를 내고 일단 편도 비행기 티켓부터 끊었다. 출장을 허락받으려면 그 과정에서 정보가 샐지도 모른다는 우려에서다. 허락이 떨어질지 아닐지도 불분명했다. 그렇게 한밤중에 괌 공항에 내렸는데 DJ의 숙소를 몰라 공항 공중전화 박스에서 특급 호텔마다 전화를 돌렸다. 몇 번의 통화만에 호텔을 찾았다.

아침이 되기 기다려 호텔 방문을 두들기니, 이희호 여사가 문을 열어주며 기절할 것처럼 깜짝 놀랐다. 그때 DJ가 남다른 분이라는 것을 알게 됐다. DJ는 언론 매체가 얼마나 힘이 있는지, 기자가 누군지, 그런 걸 따지지 않고 노력한 사람한테 취재 기회를 주었다. 이 경험을 통해 나는 내 인생을 관통하는 철학을 배웠다. 누구든지 노력한 사람에게는 반드시 기회를 줘야 한다는 것이다.

다시 그날 아침을 떠올려 본다. 그날은 마침 DJ가 귀국하는 날이었다. 방 안에 가득 짐이 쌓여 있었고, 부산하게 여장을 꾸리고 있었다. DJ가 나에게 "아니 여기 웬일이냐"고 하기에, 녹음기를 테이블에 탁 내려놓고 "30분만 주세요"라고 했다. 그랬더니 DJ는 정신없는 통에도 정말 딱 30분을 허락해주었다.

공항 가는 길이 급한 상황이었는데도 나에게 언제 돌아가느냐고 걱정을 해주었다. 성수기라 비행기 티켓이 없어서 편도를 끊어왔다고 했더니 배웅하러 온 꽘 총영사한테 "조 기자 돌아갈 비행기 자리 좀 마련해주세요, 아침도 좀 먹이세요"라고 부탁했다. 사실 나는 같은 비행기로 귀국하면서 인터뷰를 더 하고 싶었는데 진짜 자리가 없었는지 그럴 기회는 없었다. 다음 비행기 편으로 돌아가며 비행기에서 기사를 써서 특종을 했다. 이 기사로 특종상을 받아 비행기 티켓값을 처리했다.

DJ가 대통령 후보 시절 특종을 한 번 더 했다. 당시 전두환·노태우 사면 공약 여부가 세간의 화제였다. 단독 인터뷰를 하고 싶었는데 시사주간지에서 기회를 얻기가 어려웠다. 일정을 봤더니 6·25를 맞아 전쟁기념관을 방문하기로 되어 있었다. 미리 도착해 기념관 모퉁이에 서 있다가 인사를 했다. DJ가 나를 발견하고는 "어! 조 기자 여긴 웬일이야" 하기에 "제가 인터뷰하고 싶은데 7개 사항을 질문드릴 테니 대답하고 싶은 것만 답해달라"고 했다. 그랬더니 일산 집으로 오라고 말했다.

DJ의 일산 자택은 그때 처음 가봤다. DJ도 전·노 사면을 공약으로 내걸고 싶은데 여론 동향이 궁금하던 차에 마침 내가 질문을 던졌던 것이다. 기사는 바로 경향신문 1면 사이드 톱기사로 나갔다. 그때 경향신문이나 다른 중앙일간지에 DJ와 가까운 기자들이 수두룩했지만, 마이너리티에 아웃사이더인 내가 아웃복싱으로 옆에서 훅 치고 들어간 것이 깜짝 특종이 된 것이다. 마이너리티, 아웃사이더는 스스로 길을 낸다. 다른 출입기자들도 DJ가 전쟁기념관에 간다는 것을 알고 있었을 것이다. 단, 거기서 뭘 할 수 있을지 길을 찾아내는 것은 자기 몫이다. 스스로 쇄빙선이 되어 빙하를 뚫고 나갔기에 가능했던 것이다. 정면 돌파도 좋고, 우회 전략도 좋다. 길이 없으면 길을 내는 것. 이것이 마이너리티 정신, 아웃사이더의 힘이다.

⌂* 혼자라도 씩씩하게

최초 1인가구 지원센터, '싱글싱글 프로젝트'의 탄생

•

4-3-2-1-5

1-2-3-4-5

무슨 암호일까? 바로 우리나라 가구 형태의 급격한 변화를 보여
주는 숫자다. 2000년, 우리나라에서 4인가구가 가장 많았다. 그 다
음이 3인가구, 그 다음이 2인가구. 1인가구나 5인가구는 4인가구의
절반에도 못 미쳤다. 그런데 2015년부터는 가구 구성원 숫자에 따
른 비율이 1-2-3-4-5로 역전됐다. 작년부터는 1인가구가 4인가구
의 두 배(1.86배) 가까이에 이른다. 2인가구 수도 1인가구에 근접해
있다. 혼자 살거나, 둘이 사는 집이 서울시 전체 가구의 60퍼센트를
훌쩍 넘어설 만큼 많아졌다.

혼자 사는 사람들, 1인가구에 대한 관심은 나 자신이 간헐적 1인
가구가 되는 경험을 하면서 더욱 배가되었다. 평소에 갖고 있던 관

심이 실제적인 경험과 만나면서 정책이 더 구체화되고 실제적으로 진화한 것이다.

얼마 전 아들이 독립해 나가면서 우리 집도 아들은 1인가구, 나와 남편은 2인가구로 나뉘었다. 우리 집 6인용 밥솥은 가득 찰 일이 거의 없다. 인스턴트 밥을 사두고 그때그때 데워 먹는 것이 더 경제적이다. 방이 여럿인 집도 이젠 필요 없다는 생각이 든다.

서초구에도 혼자 사는 사람들이 정말 많다. 이제 막 부모로부터 독립한 청년뿐 아니라 중장년들도 있고, 자식이나 배우자를 떠나보내고 혼자 사는 어르신들까지 합하면 이런저런 이유로 혼자 사는 사람들이 전체 가구의 3분의 1을 넘었다. 1인가구의 생존 방식은 주거와 식생활, 안전 등 여러 면에서 다인 가구와 전혀 다르다. 그런데 안전한 주거, 편안한 생활 조건들 혹은 이를 위한 정책들은 여전히

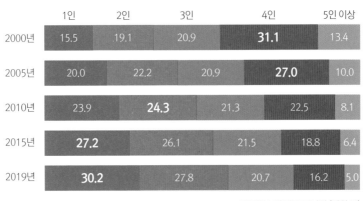

가구원수별 가구 구성비 (단위 %)

3~4인 가족 위주로 구성된 경우가 많다.

통계청에서 2020년 8월 말에 발표한 인구조사에 따르면 2019년 우리나라 1인가구 비중은 30.2%로 사상 처음 30%를 넘어섰을 뿐 아니라 전 가구 중 가장 큰 비중을 차지하고 있다. 1인가구 규모는 20대부터 70대 이상까지 전 연령대에서 고르게 나타난다. 서울에 사는 1인가구는 약 130만 가구로 전체 가구의 33.4%(출처: 통계청)에 이르는데, 이는 전국의 1인가구 비중보다 더 높은 비중이다. 서울 인구 세 집 중 하나는 혼자 사는 집이다. 1인가구 비율은 2010년보다 10% 포인트나 늘었다. 주택 문제, 일자리 문제 등으로 혼자 살기를 선호하는 1인가구 특성이 두드러지게 나타나고 있다.

지금 우리에게 어떤 변화가 필요한지 눈에 보이지 않는가? TV 예능 프로그램 〈나 혼자 산다〉를 일부러 찾아봤다. 배우, 가수 등 유명인들이 혼자 사는 모습을 보여주는 이 프로그램은 2013년 첫 방송 이래 7년째 방영하고 있다. 이렇게 오랜 기간 인기를 얻고 있는 것은 우리 사회에 싱글 라이프가 일반화 단계로 들어섰다는 직접적인 신호이다.

재미있으라고 만들어놓은 장치겠지만, 나에게는 이분들이 혼자 살며 겪는 어려움이 눈에 보였다. 집 정리 정돈도 쉬운 일은 아니지만, 외로움과 고립감이 가장 두드러져 보였다. 혼자 살면서도 끊임없이 남들과 함께하거나 심심함을 이겨낼 방도를 찾는다. 오전 내내 침대에 누워 휴대전화로 친구들에게 메시지를 보내거나, 어디 좀 끼어서 놀만 한 자리가 없나 살핀다. 범죄 영화에서 상당히 개성 있는 모습을 보였던 한 남자 배우는 단독주택에서 빨래를 걸으면서 고래고래 목청을 높여 노래를 부르기도 했다. 이런 모습이 1인가구의 삶이 지닌 단면이 아닐까.

시장은 훨씬 먼저 빠르게 1인가구의 존재를 발견하고 이들의 요구에 반응했다. 트렌드가 된 혼밥, 혼술, 혼영, 혼행, 혼코노미는 이미 우리 옆에 와 있다. 밥 두 공기 딱 맞춰 지어내는 미니 밥솥도 있고, 혼자 고기를 구워 먹을 수 있는 미니 팬도 있다. 아예 1~2인분씩 가열만 하면 되는 밀키트(Meal Kit)도 구색을 갖췄다. 제품이 1인가구에 맞게 소형화되고, '나 홀로 소비'가 하나의 트렌드가 되었다.

1인가구의 증가는 경제 발전의 성숙기에 접어들면서 나타나는 현상이다. 세계적인 대도시에서도 공통으로 나타나는 현상인데, 아직 우리나라에서는 사회 변화 속도를 따라가지 못하는 정책들로 1인가구가 제대로 된 혜택을 누리지 못하는 일이 적지 않다. 2020년 정부의 코로나 재난지원금 때도 그렇고, 복지는 여전히 다인 가족 맞춤이다. 대세에 들어선 1인가구를 고려한 정책 변화가 시급하다.

서초구는 2018년 12월 '1인가구 지원 조례'를 제정했다. 1인가구가 대세인 사회 변화에 민감하게 반응하는 행정을 펼치기 위해서였다. 서초의 1인가구 4만 3,000여 명을 대상으로 실태조사를 했다.

현실적으로 방문 조사가 쉽지 않았을 뿐더러 1인가구 특성상 노출되는 것을 꺼려 시간이 많이 걸렸고 힘도 많이 들었다. 하지만 정책을 설계하려면 그들이 원하는 것부터 파악해야 했다.

조사를 끝내고 나니 힘들게 다닌 보람이 있었다. 조사에서 가장 분명하게 나타난 것은 1인가구의 다양성이었다. 1인가구는 나이와 성별, 학업, 취업, 결혼 여부, 라이프 스타일 등 여러 원인으로 형성되었기에, 이들에게 필요한 행정 수요와 요구사항을 '1인가구 정책'이라는 하나의 이름으로 묶기 어려울 만큼 제각각이었다.

남성 1인가구는 외로움을, 여성 1인가구는 경제 안정과 주거 불안 해소를 제일 먼저 손꼽았다. 40~50대의 중장년층 1인가구는 실업률, 만성질환율, 우울의심률, 자살생각률이 현저히 높고 사회관계망도 단절된 경우가 많았다. 어르신뿐 아니라 50대 남성도 고독사 고위험 집단으로 나타났다. 성별과 나이에 따라 필요한 내용이 다른 만큼 세분화한 '맞춤형 지원정책'이 필요했다.

1인가구는 다인 가구로 가는 전 단계가 아니다. 다인 가구가 '못된' 가구 형태도 아니다. 1인가구로 살고 있는 분들은 청년뿐 아니라 중장년, 노년층으로 고루 분포되어 있다. 서초구의 1인가구 비율은 서울 전체보다 살짝 높은 33.6%로, 이 중에는 청년이 45.2%로 가장 많았고, 중장년도 37.5%나 됐다.

청년 1인가구가 비혼과 학업, 취업, 라이프 스타일 때문에 혼자 사는 경우가 많은데 반해, 중장년 1인가구는 이혼, 사별, 자녀 교육, 직장, 건강과 경제 문제로 1인가구로 사는 경우가 많았다. 지금까지 1인가구에 필요한 지원을 해주고 싶어도 1인가구를 포괄해 예산을 활용할 수 있는 마땅한 법적 근거가 없었다. 과거에 머물러 있는 법을 최대한 현실에 가깝게 끌어내기 위해 2018년 12월 '서초구 1인가구 지원 조례' 제정을 시작으로 첫 단추를 끼웠다.

이후 연령대, 성별로 나눠 세심하고 촘촘한 정책 지원을 하기 위해 2019년 3월, '1인가구 지원센터'의 문을 열었다. 전국에서 처음 생긴 시설이었다. 한 사람 한 사람이 안락하고 행복한 삶을 누릴 수 있는 1인가구 정책을 뭐라고 이름 붙일지 고심했다. '치매노인 주간보호센터'라는 간판 때문에 정작 그 시설을 필요로 하는 어르신들이 방문을 꺼린다는 말을 들은 터라, 1인가구 지원 정책은 1인가구 시민들이 불편하게 느끼지 않도록 이름을 정해야 했다. 그렇게 머리를 맞대서 나온 이름이 '싱글싱글 프로젝트'다. 싱글 라이프를 지원하고 모두 싱글싱글 웃으며 살자는 염원을 담아 지었다.

1인가구의 3대 어려움: 아픔, 외로움, 불편함

•

'아플 때, 외로울 때, 불편할 때.' 현장 실태조사에서 나온 1인가구 3대 어려움이다. 혼자 사는 삶은 끼니를 챙기고 안전하고 쾌적한 주거를 챙기는 기본 생활부터 경제 문제와 건강, 노후 준비까지 모든 것을 스스로 책임져야 하는 만큼 홀로 감당해야 할 문제가 남다르다. 규칙적인 일상생활의 끈을 놓쳐도 옆에서 뭐라고 하는 사람도 없으니 그 생활에 익숙해져 되돌아가기가 힘들다. 균형 잡힌 식사나 술과 담배 절제 등 자기 통제에도 더 큰 노력이 필요하다.

건강할 때는 그나마 문제가 없지만 작은 사고라도 나거나 몸이라도 아프면 보통 일이 아니다. 아플 때와 외로울 때, 불편할 때를 핵심으로 삼은 정책이 바로 '싱글싱글 프로젝트'다. 가족을 대신해 정서적 만족을 얻을 수 있고, 어려울 때 도움을 요청할 수 있는 사회적 가족을 만든다는 의미로 기획했다.

아플 때를 대비해 간병 돌봄 '서리풀 건강119'도 신설했다. 병원에 같이 가주고 마음을 터놓고 이야기를 들어주는 프로그램이다. 불편할 때 돕기 위해서 '서리풀 뚝딱이' 서비스도 만들었다. 아프거나 외로운 것도 힘들지만, 혼자 사는 1인가구에 당장 어려운 일은 불편함이다. 물건을 혼자 낑낑대며 옮긴다든지, 뭐든지 혼자 해내야 하기 때문에 생활 곳곳에서 불편함이 드러난다.

이제 막 혼자 살기 시작한 청년들이건 수년간 노하우가 쌓인 경력자이건 1인가구는 전등 갈아 끼우기부터 가구 수리, 화장실 세면대 문제 해결까지 혼자 해결하기에 번거로운 일이 많다. 학교도 다녀야 하고, 직장도 다녀야 하고, 지친 몸으로 쓰러져 있으면 집안일을 미뤄두기 일쑤다. 직장에 나가 일하는 시간에 하수도 막힌 것도 뚫고 택배도 받을 수는 없는 일 아닌가.

대가족이나 다인 가구라면 그럭저럭 나누어 맡았을 일들을 1인가구는 혼자 감당해야 한다. 바로 그 지점에 '싱글싱글 프로젝트'가 손을 내밀었다. 하수구 막힘 등 혼자서 해결하기 어려운 생활의 불편을 해소하기 위한 소규모 수리비를 연 10만 원까지 지원하고, 정리·정돈 서비스와 클린도우미 서비스도 제공한다.

1인가구의 어려움 중 외로움이 포함되었다는 점은 시사하는 바가 크다. 혼자서 생활하면 특히 외로움에 취약하다. 사회관계망 단절과 심리적인 불안은 우울증, 자살 충동으로 이어질 가능성이 현저히 높다. 실제로 어르신 1인가구뿐 아니라 중장년층, 특히 50대 남성 1인가구는 고독사 고위험 집단으로 나타났다. 1인가구 불편사항 조사 결과에서 외로움이 나온 것을 보고 눈이 번쩍 뜨였다.

우리가 1인가구 지원 정책을 준비할 때 영국 정부는 '외로움' 담당 장관을 새롭게 뽑았다. 당시 테레사 메이 영국 전 총리는 "외로움은 오늘날 공중보건에서 가장 중요한 도전 중의 하나"라고 선언하며 혼자 사는 사람들에게 커뮤니티 활동과 자원봉사 서비스를 제공할 것이라고 말했다. 세 집 중 한 집이 혼자 사는 사람으로 이뤄진 서울에도 외로움, 불편함을 담당하는 부서가 있어야 하지 않을까.

➕ 서리풀 건강119

갑자기 아파서 도움이 필요한 경우 입퇴원·통원 도움을 제공하고 단기 간병을 지원한다(연 3회, 회당 10만 원 이내). 집 안의 소규모 수선·수리비를 지원(연 10만 원 이내) 하는 '서리풀 뚝딱이'와 불안, 우울증 등에 대한 심리 상담 및 법률·재무 등 전문 상담을 지원하는(심리 상담: 연 6회, 전문 상담: 2회 이내) '서리풀 카운슬러'는 시행 첫해부터 엄청난 인기를 끌었다. 그 외에도 어르신 1인가구에게 음성 메시지를 보내고 응답을 하지 않은 분은 전화와 방문으로 안위를 확인하는 '서리풀 문안인사', 요리와 목공을 가르치는 '서리풀 싱글싱글 문화교실'도 큰 효과를 얻었다.

서초구에서는 혼자 있을 때 위급 상황에 대비해 병원에 동행해주고, 간병을 도와주는 서리풀 건강 119 프로그램이 있다.

① 여성 1인가구

어두운 골목길에서 뒤따라오는 발자국 소리가 들린다. 집 앞에 도착해서 주위를 살펴보며 핸드백으로 도어락 번호를 가리고 번호키를 누른다. 집 안에 혼자 있는데 느닷없이 누군가 문밖에서 현관문 손잡이를 돌리며 문을 열려 한다.

영화의 한 장면 같지만 실제로 1인가구 여성들이 맞닥뜨리는 현실이다. 특히 여성 1인가구는 경제적으로 취약한 경우가 많고 정서적으로 어려움을 겪는 경우도 적지 않다. 2020년 9월 통계청 자료에 따르면 20~30대 여성이 극단적 선택을 하는 비율이 크게 늘어난 것으로 나타났다. 더구나 코로나19 사태로 취업과 일상에서 어려움은 더 커지고 있는 양상이다. 여성 1인가구를 위한 정책이 시급하게 필요한 이유다. 이들이 가장 중요하게 생각하는 것은 안전이다.

혼자 사는 여성들은 택배나 음식 배달도 마음 편하게 하지 못하는 게 현실이다. 바로 얼마 전에도 서울의 한 주택가에서 야간 근무를 마치고 퇴근하는 여성을 뒤따라가 현관문을 억지로 열려던 사건이 있었다. 경제적으로 넉넉지 않은 젊은 여성들은 거주 비용이 많이 드는 아파트보다 다세대나 원룸에 많이 사는데, 이러한 주거 형태에서 안전 문제가 많이 발생한다. 그런데 이들을 위한 지원 정책은 20대 여성의 심리·사회적 특성을 고려하지 않고 있으며 여전히 낡고 권위적인 방식이다.

얼마 전 여성 1인가구와 메시지를 주고받으며 눈물이 핑 돌고 가슴 아픈 이야기들을 많이 들었다. "지방에서 올라와 언니와 둘이 월세방에 살고 있어요. 월세가 올라서 이사 갈 방을 보러 다니는 데 너무 좁고 어두운 위험한 곳밖에 없어요. 점심으로 김밥 먹으면서 울지 않으려고 애썼어요." "명동 화장품 매장에서 일했는데 코로나19로 관광객이 줄어들면서 갑자기 그만두게 됐어요." "현금 서비스를 받고 겨우 견디는데, 동사무소나 구청에 가서 도움을 요청할 때 너무 창피해요."

20대 여성들은 감정 노동에 종사하는 비율이 남성보다 훨씬 높다. 감정 노동에서 받는 상처가 크지만 직장을 그만두면 생활고에 시달리는 악순환이 계속된다. 이러한 복합적인 상황을 고려해서 서초구에서는 여성 1인가구에 특별히 '서리풀 보디가드'라는 이름으로 맞춤형 '안심 5종 세트'와 돌봄과 생활편의, 상담, 문화, 커뮤니티 등 '7종 세트'를 마련했다.

안심 5종 세트는 다세대 주택, 빌라, 일반주택 등 주거 취약 여성 1인가구를 대상으로 홈방범시스템 설치·이용을 지원하고 디지털 비디오폰, 현관문 안전고리, 공동주택 출입구 폐쇄회로(이하 CCTV), 미러 시트를 무료로 설치해주는 서비스다. 홈방범시스템(설치비 10만 원 이내, 월 이용료 2만 원 이내)으로 출입문과 창문에 감지 센서를 설치하여 주거 침입을 방지하고 위급 상황에서는 전문 보안업체가 출동하

1인가구를 위한 '싱글싱글 문화교실'. 청년들이 가죽 공예 수업에 참여하고 있다.

1인가구를 위한 '나를 위한 혼밥 레시피 수업'을 하고 있다.

는 서비스를 제공한다. 또 범죄예방환경디자인(셉테드· CPTED)을 적용해 주택 출입구에 CCTV와 거울처럼 반사되어 뒤를 확인할 수 있는 미러시트(Mirror Sheet)를 설치한다.

돌봄과 생활 편의, 상담, 문화, 커뮤니티 등 7종 세트는 여성 1인 가구의 주거 안전 서비스뿐 아니라 여성들이 안전한 생활을 위해 갖춰야 할 정보, 심리적 안정감과 정신 건강을 위한 프로그램도 제공한다. 외로움이나 우울증으로 마음 상담이 필요할 때나 말하지 못할 고민을 털어놓을 곳이 필요할 땐 상담 서비스인 '서리풀 카운슬러'를 이용하면 된다.

서리풀 카운슬러는 2019년 상담 실적이 250건에 달할 만큼 인기를 끌었다. 40대 이하가 70%를 차지할 정도로 청년층 비율이 높았는데, 우울, 정신 건강과 대인관계, 가족 간 갈등, 직장 내 스트레스 등을 주로 상담한 것으로 나타났다. 서리풀 카운슬러의 특성은 심리 상담이 끝이 아니라 상담 과정에서 나타난 근본적인 원인을 해결하기 위해 법률, 구직, 경제 문제 상담까지 연결한다는 점이다.

그 밖에도 1인가구 맞춤형 프로그램으로 운영하는 '서리풀 싱글 싱글 문화교실'에서 여성 안전 프로젝트(SWSP)를 교육받을 수 있다. 호신술, 범죄 대처 요령 등 실생활에서 활용할 수 있는 교육을 진행한다. 지난봄, 발목이 부러져 두 달간 집 밖으로 나갈 수 없었던 비혼 1인가구 여성 한 분은 친구 네 명이 주 2회 돌아가며 집에 와서 식

✚ 여성 안심 귀갓길 서비스

늦은 시각 혼자 집에 가는 여성들을 위해 붉은색 안전봉을 들고 노란 조끼를 입은 '여성 안전귀가 반딧불이 대원'이 있다. 2인 1조로 구성된 여성 반딧불이 대원들은 지하철역 주변과 일반주택·상업·유흥업소 밀집 지역 주변을 중심으로 여성과 청소년의 안전한 귀가를 돕는다. 서초구청 종합상황실이나 120 다산콜센터에 요청할 수 있다.

청년 1인가구와는 또 다른 서비스가 필요한 중장년 1인가구를 위해 간병 돌봄을 이용할 수 있는 횟수를 연간 3회에서 6회로 늘렸다. 반포1동에 세운 1인가구 지원 센터는 서울 같은 대도시에서 어려울 것이라 여겼던 동네 사랑방 역할을 한다. 요즘 말로 커뮤니티 센터로 최고다. 여기에 더해 중장년 소셜다이닝, 정리 수납 서비스와 자격증 교육을 겸해 일자리 창출에 기여했다.

사와 청소를 도와준 덕분에 살아났다고 했다. 이분이 만약 서초구에 살았더라면 '싱글싱글 프로젝트'가 큰 도움이 되었을 것 같다.

② 어르신 1인가구

어르신 1인가구는 한 세대 이전에는 일반적이라고 보기 어려웠던 가구 형태다. 그러나 핵가족화 단계를 거쳐 1인가구가 증가하면서 가장 취약한 세대가 되었다. 이분들을 위한 정책으로 무엇보다 건강을 위한 서비스와 고독사 예방이 중요하다.

갑자기 아플 때 언제든 전용 핫라인으로 전문 간병인에게 연락할 수 있도록 서초구만의 간병돌봄 서비스 '서리풀 건강119'를 만들었다. 바로 효과가 나타났다. 신부전증으로 혼자 거동이 어려워 병원조차 가지 못하고 날로 상태가 악화됐던 한 70대 어르신은 '서리풀 건강119' 전문 간병인의 도움으로 응급실을 찾았다. 언제든 도움을 청할 수 있다는 게 얼마나 힘이 되고, 든든한지 모른다고 말씀하셨다.

이 밖에도 어르신들의 일상을 지원하는 프로그램으로 '스마트돌봄플러그' '클린도우미'를 마련했다. 스마트돌봄플러그는 고독사 예방을 위한 서비스로, 어르신 1인가구의 전력 사용과 조도 변화를 모니터링하는 돌봄 서비스다. 커뮤니티 활동으로 느티나무 쉼터 연계 프로그램과 함께 스마트 정보화 교육을 제공해 어르신들이 스마트 세상에서 느끼는 소외감과 외로움을 조금이라도 덜어드리고자 했다.

스마트 정보화 교육은 어르신들이 가장 좋아한 프로그램이다. 특히 어르신 대상 맞춤형 인공지능(이하 AI) 로봇 교육은 열띤 호응을 얻었다. 휴머노이드 AI 로봇 20대를 활용한 스마트 교육은 IT 시대에 뒤떨어지기 쉬운 어르신들을 청장년 눈높이까지 높일수 있도록 도움을 드렸다. 서초중앙노인종합복지관에 AI로봇존, 가상현실(이하 VR) 체험존, 1인 미디어룸 등 정보기술(이하 IT) 전용 교육장을 새로 만들고, 기존 어르신 복지시설 5곳에도 IT 체험존을 만들었다.

AI로봇존에는 휴머노이드 AI 로봇 '알파미니'를 두고 AI 개선 프

내곡느티나무쉼터 IT 체험존에서는 인지능력 향상을 돕는 '실버로봇'이 어르신들의 교육 조교를 담당한다. 수강생들이 '로봇두뇌발달교육' 동작을 따라 하고 있다.

어르신들이 키오스크 화면을 따라 음식을 주문하고, 티켓을 예매하는 교육을 받고 있다. 서초구는 전국 최초로 키오스크 교육 프로그램을 어르신 눈높이에 맞게 자체 개발하고 '서초톡톡C'를 개발해 특허 등록도 마쳤다.

로그램을 탑재한 로봇 '실벗', 20여 가지 게임을 통해 1대 1로 인지 훈련을 수행하는 AI 로봇 '보미'를 배치했다. 이 로봇들은 어르신을 대상으로 치매 예방, 코딩, AI 활용 등 스마트 교육을 한다.

어르신 복지시설 7곳에서는 최신 IT 융합 교육을 진행한다. AI, 사물인터넷(이하 IoT) 활용법, 드론, 유튜브, VR스포츠, 3차원(3D) 프린터 등을 포함한 125개 디지털 교육과정을 준비했다. 로봇만으로 프로그램을 진행할 수는 없는 일이기에 IT 서포터스 20명이 경로당 160곳을 찾아가 스마트폰과 키오스크 사용법 등 실생활에 필요한 맞춤형 디지털 교육을 제공한다. 2020년 우리 사회는 코로나19로 비대면 환경이 확산되었는데, 이처럼 빠르게 변하는 환경에서 어르신들이 소외되는 일이 없도록 AI 로봇을 활용하는 프로그램을 더욱 확대할 필요를 절감했다.

③ 반려동물 친화 도시

개와 고양이를 비롯해 반려동물과 함께하는 인구가 1,000만 명에 이른다. 제1회 서리풀 축제 폐막식 퍼레이드에는 반려견과 반려묘도 당당하게 행진 대열에 참여했다. 유모차를 타고 온 '개르신' '묘르신'(나이 든 개와 고양이를 부르는 말)도 있고 상큼 발랄한 옷차림으로 한껏 모양을 낸 강아지들도 있었다. 그 후로 서리풀 축제 프로그램에 반려견 축제가 포함되었다.

집에서 키우는 동물을 '애완'이 아니라 '반려'라고 부르기 시작한 뒤 이들을 보는 관점도 달라졌다. 반려동물은 인간과 함께 살아가는 생명인 동시에, 인간을 포함한 생태계의 활력에도 큰 영향을 미친다. 1인가구에 외로움 같은 심리, 정신 건강 문제를 완화하는 데 큰 도움이 된다는 연구 결과도 있다. 개를 키우는 어르신은 그렇지 않은 어르신보다 근육 양이 많고 운동 능력도 좋다는 연구 결과도 있었다. 하지만 반려동물을 키우는 상황에서 이웃에 대한 배려나 안전 문제가 일어나는 일도 빈번해, 동물복지 정책은 생각보다 고려할 일이 많은 분야다. 등산로나 산책길에 강아지 배변이 흩어져 있어 문제가 되기도 하고, 입마개를 하지 않은 맹견에 사람이나 다른 동물이 물려 큰 상처를 입는 경우도 있으며, 심한 경우 목숨을 잃기도 한다. 또 동물들이 버려지는 경우도 있다.

서초구는 2018년 12월 '서초동물사랑센터'를 열었다. 이곳은 유기견 보호센터로 단순한 동물복지가 아니라 사람과 동물이 함께 사는 환경을 만들어나가는 데 집중한다. 유기견 보호와 건강 관리, 동물 미용실과 놀이터를 운영하며, 이곳에서 보호하는 유기견을 입양시키기도 한다.

반려동물과 반려인 모두를 행복하게 하는 동물복지를 위해 입양을 원하는 사람들에게 반려동물 행동 교정 훈련 등 일정한 교육을 이수하도록 하고 있다. '반려견 아카데미'는 4주간 교육을 시행하며

사람과 동물이 조화롭게 공존하는 '반려동물도 행복한 서초'를 만들기 위해 유기견 보호 기관인 서초동물사랑센터를 개관했다.

마지막 과정으로 양재천에서 산책 실습을 한다. 반려동물을 입양하기 위해서는 3개월 이내에 중성화 수술을 하고 예방접종을 한다는 서약서를 써야 한다. 이곳에서 유기견을 입양할 때 치료비의 50%를 시와 구 예산으로 지원하며, 입양 가정에 1대 1 방문 교육도 제공한다.

어린이 반려동물 교실도 인기다. 지역 초등학생들이 반려동물과 관련해 올바른 가치관을 가질 수 있도록 반려동물 에티켓 교육을 제공하고 있다. 현재는 유기견 중심의 동물복지 정책이지만 앞으로 고양이 등 다른 반려동물로 범위를 확대할 계획이다. 첫 번째 실천으로 주요 산책로 등 21곳에 길고양이 급식소를 설치했다. 길고양이 관련 민원을 줄이고, 길고양이에 대한 부정적인 인식을 개선하는 데 도움이 되었다.

싱글싱글 프로젝트는 힘이 세다

•

전국 최초 '1인가구지원센터'의 영향력은 컸다. 서울시와 제주도에서 먼저 벤치마킹하고 싶다고 찾아왔다. 센터를 연 지 1년도 안 되어 문재인 대통령 지시로 정부에 '1인가구 TF팀'도 꾸려졌다. 서초구의 1인가구 지원정책이 전국 표준 모델이 된 것이다.

서울시에서도 2019년 1인가구에 대한 종합계획을 처음 수립해 맞춤형 정책을 약속했다. 1인가구의 사회적 고립을 예방하고 건강한 독립생활을 지원하기 위해 '사회적 관계망 형성'을 위한 '1인가구 지원센터'를 25개 자치구에 만들고 커뮤니티 활동과 각종 서비스를 신청할 수 있는 온라인 플랫폼(홈페이지)을 2020년 중 오픈하기로 했다. 서초구가 처음 시작한 정책이 표준이 되어 확산되는 것은 정말 보람찬 일이다.

상을 받기 위해 정책을 편 것은 아니지만, 서초구에서 개발한 정책이 상을 받는 일은 정말 기쁘다. 1인가구 지원사업인 '싱글싱글 프로젝트'는 올해 '2020 전국 기초단체장 매니페스토 우수사례 경진대회' 소득 격차 해소 분야와 초고령화 대응 분야에서 최우수상을 받았다. 한국 매니페스토 실천 본부에서 우수 공약을 실천한 사례에 주는 상으로, 싱글싱글 프로젝트는 비혼·이혼·학업·취업 등으로 다양한 유형의 1인가구에 맞춤형 지원을 펼치며 사회적 안전망 구축과 공동체 형성에 기여했다는 점에서 높은 평가를 받았다.

싱글싱글 프로젝트는 또 2020년 9월 국제비즈니스대상에서 금상과 동상을 받았다. 250명의 세계 여러 나라 심사위원이 참여해 전 세계 기업과 조직이 한 해 동안 펼친 다양한 정책과 업적을 평가하는 국제적인 상이다.

예전에는 결혼하지 않은 청년이나 배우자와 사별한 어르신이 1인가구의 대표적인 모습이었다. 그동안 1인가구는 생애 주기에서 '임시'로 한때 나타나는 삶의 형태로 보았다. 청년 1인가구는 결혼하면 2인가구가 될 테고 아이 낳으면 3~4인가구 된다. 어르신 1인가구는 자녀들이 모셔가서 다시 다인 가구를 구성하거나 요양시설로 가서 공동생활을 하리라고 본 것이다.

하지만 이제는 다르다. 통계를 보면 중년 1인가구가 눈에 띄게 늘고 있다. 흔히 중년기는 부부가 자녀를 양육하며 살아가는 시기로 보지만 2019년 기준 전체 1인가구 중 40~50대 중년층이 차지하는

싱글싱글 프로젝트는 '2020 전국기초단체장 매니페스토 우수사례 경진대회'에서 최우수상을 수상했다.

서리풀 커뮤니티스쿨은 이웃간 단절을 해소하고 '공동체 복원'을 위해 만들었다. 공동주택 커뮤니티 시설 내에서 진행하는 각종 문화 프로그램에 강사, 운영비를 지원한다.

비중이 30.5%로 청년층 35%와 고령층 33.6%와 큰 차이를 보이지 않았다. 이처럼 1인가구가 전 세대에서 고루 나타나는 현실은 우리가 본격적인 1인가구 시대에 들어섰음을 보여준다.

1인가구를 대상으로 전수조사를 한 결과, 이들은 '따로, 또 같이' 사는 삶을 원하고 있었다. 따로 사는 삶에서 가장 필요한 것은 '같이 하는' 기회와 시설이었다. 수요 조사를 해보니 커뮤니티 서비스에 대한 요구가 가장 많았고(30%), 복지와 생활편의에 대한 수요가 각 28%, 27%로 비슷했다.

2030 남성들의 의견도 궁금했다. 그들을 만나려면 어디로 가야 할까? 민방위 훈련의 대장은 구청장이다. 나는 젊은 남성들을 만나기 위해 현장으로 향했다.

"반갑습니다! 서초구 민방위 대장 조은희입니다!"

심드렁하게 휴대전화를 들여다보던 청년들이 슬쩍 고개를 든다. 효과가 있다. 여성인 내가 '민방위 대장'이라고 말하니 "에?" 하는 반응이 나온다. 구청 공무원들이 평소에 제일 만나기 어려운 사람들이 누군가. 바로 민방위 훈련 대상인 청장년들 아닌가. 이 자리를 통해 나는 청년 1인가구가 얼마나 '따로 또 같이'를 원하는지 알게 되었다.

좁은 골목에 주차장도 마땅치 않은 곳에 사는 청년은 굳이 자기 차가 필요 없다. 하지만 언제나 BMW(버스-지하철-도보)로 충분한 것은 아니다. 택시로 해결되지 않는 경우도 있다. 그럴 때 공유 차량과 공유 주차가 필요하다. '따로, 또 같이'가 가능하려면 우리는 언제나 '접속' 상태로 있어야 한다. 접촉이 아니라 접속이다. 2020년 온통 코로나19 방역 체제 안에서 살면서 우리는 접촉(Contact)에서 벗어난 비접촉(Untact) 시대에 살고 있다. 그러나 나는 우리가 결코 비접촉, 언택트 상황에서 오랫동안 살 수 없다고 믿는다. 대신 우리는 온택트(Ontact), 즉 신체 접촉은 없지만 온라인으로 접속된 상태에서 살아갈 것이다.

1인가구도 나이에 따라 지원 요구가 다르다. 그래서 생애주기별 맞춤형 프로그램을 만들었다. 2030 청년층에게는 1인가구 핫뉴스 온라인 채널을 통해 '모여라 청년 1인가구' 온택트 네트워크를 만들고, 온라인 소셜다이닝과 온라인 청년문화교실 같은 문화 커뮤니티를 제공했다. 일자리 연계 프로그램으로 1인 방송 크리에이터와 바리스타, 제빵사 교육을 시작했다.

'서리풀 커뮤니티 스쿨'은 1인가구 시대를 살아가는 사람들에게 만남의 기회를 제공하기 위해 만들었다. "서울에는 친척도 지인도 없어 양재천과 우면산만 바라보고 살았습니다. 어느 날 아파트 게시판에 커뮤니티 스쿨 꽃꽂이 수업 광고가 올라와 참여했습니다. 지금은 꽃꽂이 동아리 덕에 사는 게 달라졌습니다." "작곡 수업을 하면서 저 스스로에게 자신감도 붙고 또한 주민분들과 많이 친해지기도 했습니다. 이제 마지막 딱 한 주가 남아 너무 아쉽네요." 커뮤니티 스쿨에 참여한 주민과 강사가 보낸 문자다. 배우는 사람과 가르치는 사람이 모두 하나의 공동체를 이루며 소통하는 자리가 형성된 것이다. 정말 보람되고 기뻤다.

✚ 국제비즈니스대상 수상
서초구는 2017년부터 4년 연속 국제비즈니스대상을 수상했다. 2020년에는 국내 최초 치매 환자 맞춤형 모델하우스인 '치매안심하우스'와 '양재천 천 천투어'가 각각 금상을 받았고, 서초 스마트 시니어 사업은 동상을 받았다. 스마트 시니어 사업은 어르신을 위한 생활 밀착형 디지털 교육체험 프로그램으로, VR·첨단로봇·1인 미디어 등 다양한 신기술 경험으로 정보 취약 계층인 어르신의 디지털 정보 격차를 없애는 데 큰 역할을 했다는 평을 받았다.

⌂ 아들을 생각하며

청년기본소득, 사회적 자립을 위한 기회일까

•

2000년 초 청와대를 떠난 뒤 나는 9년 동안 쉽지 않은 시간을 보냈다. 광야의 시간이었다. 여성정책연구소라는 1인 연구소를 차렸다. 사춘기 아들과 씨름하는 시기이기도 했다. 어린 시절부터 바쁜 엄마 때문에 혼자만의 시간을 보냈던 아들은 정작 엄마가 집에 있는 시간이 되자 나를 거부했다. 문을 걸어 잠근 아들의 마음을 열기 위해 자주 눈물을 흘려야 했다. 나는 과거의 나를 비워내고 수양해야 할 시간이라고 생각했다.

아들은 나를 기다려주지 않았다. "나 좀 내버려 둬." 아들이 한 말은 이 한마디였다. 맨날 바쁘다는 엄마에게서 자신을 지키기 위해 사춘기 아들은 말문을 닫았다. 아들에게 열려 있는 것은 컴퓨터 속 모니터 세상뿐이었다. 화려하게 명멸하는 게임 화면이 아들을 매혹했다. 현실 세계에 존재하지 않는 환상의 세계가 아들 앞에 펼쳐져 있었다.

　나는 실패한 엄마가 될 뻔했다. 마주 앉아 울기도 하고 화를 내기도 했다. 아들을 현실 세계로, 가족에게로, 자신에게로 돌아오게 하는 데 정말 엄청난 시간과 노력이 들었다. 남편의 인생도 달라졌다. 아들이 새로운 환경인 미국 학교에서 다시 시작하기로 했는데 공무원인 남편의 수입으로는 감당할 수가 없었다. 결국 남편은 판사직을 그만두었다.

　아들의 마음을 열기까지 오랜 시간이 걸렸지만, 아들과 가까워지려 노력하는 그 세월 속에서 나는 듣는 법을 새로 배웠고, 응답하는 속도와 내용, 소통하는 방법을 다시 익혔다. 엄마는 응답하는 사람이다. 자기 말을 하는 사람이 아니라 자식의 필요와 부름과 요구에 답하고, 기다려주고 인내하며, 가야 할 길로 가도록 옆에서 돕는 사람이다. 아들과 긴긴 씨름 끝에 차츰 많은 것을 깨닫고 배워나갔다. 오히려 내가 철이 드는 시간이었다.

　아들을 보며 아들 세대가 살아야 하는 시대는 우리 세대와 사뭇 다르다는 것을 느낀다. 기성세대는 우리 나름의 어려움이 있었지만, 아들을 보면서 청년세대가 겪는 또 다른 어려움에 대해 눈을 뜨게 됐다. 특히 청년세대가 겪고 있는 취업난과 주택난이 걱정된다. 청년들이 꿈을 잃지 않고 지켜나갈 수 있도록 인내심을 가지고 최대한 지원하는 것이 부모세대의 할 일이라 생각한다.

고등학생이 대입 수학능력시험 대신 9급 공무원 시험을 준비하는 일이 많다고 한다. 취업난이 심해지자 대학은 그냥 건너뛰고 공무원 시험을 준비한다는 것이다. 안정적인 직업으로 공무원이 주목받으면서 많은 청년이 공무원 시험, 즉 공시에 뛰어들고 있다. 2018년 현재 우리나라 공시생은 약 44만 명, 20~29세 인구의 약 7%에 해당하는 엄청난 규모다. 2020년 6월 코로나19 사태 가운데 치러진 지방공무원·지방교육공무원 8·9급 공채시험에 30만 명이 몰렸다고 한다. 청년들이 좀 더 도전적인 미래를 꿈꾸기보다 안정만 추구하려 한다는 염려도 있지만, 입사지원서 240개를 써도 서류에서 모두 탈락하는 현실에서, 시험만으로 선발하는 공무원에 몰릴 수밖에 없다는 시각도 설득력이 있다.

청년들은 공정한 기회와 투명한 경쟁을 요구한다. 비정규직을 정규직화하는 것도 좋지만, 좋은 직장 가려고 열심히 시험을 준비한 취준생, 최저 시급 받으며 열심히 일한 비정규직 청년에게서 기회를 빼앗은 비정규직의 일괄 정규직화에 분노한다. 대통령이 다녀간 곳에서 마치 시범 사업처럼 진행된 인천국제공항 정규직 전환 사태가 바로 그것이다. 우리 청년들은 아프다. 기성세대들은 청년들에게 취업의 눈을 낮추라고 하지만 구의역 참사와 태안화력발전소 사망사고에서 보듯, 청년들을 하청, 비정규직 노동의 위험으로 몰아넣는 데 청년들은 반감을 갖는다.

AI와 빅데이터, 자동화 무인화 기술의 발달로 단순 일자리가 빠르게 사라지고 있다. 점점 더 심해지는 소득 양극화와 불평등이 심각한 사회문제가 되었다. 더구나 우리나라는 한 번 직장에서 해고되면 재취업이 어렵고 직장을 옮기는 일도 쉽지 않다. 이처럼 취업/재취업 탄력성이 없다 보니 청년들은 처음부터 좋은 일자리를 얻기 위해 오랜 시간 취업 준비에 매진하는 것이다. 상황이 이렇다 보니 취업도 안 하고 학업도 포기하는 '니트족'이 많아지는 문제도 발생했다.

청년의 위기는 국가 미래의 위기다. 지금 우리 사회의 청년들이 위기에 놓여 있는 것은 그들 탓이 아니다. 오늘날 '취업절벽'은 제도권 내의 교육 생태계와 실제 현장 사이의 미스매치(불일치)에서 발생하는 구조적인 문제이다. 미래를 대비하지 않는 교육 생태계는 실제 현장과 괴리될 뿐이다.

냉혹한 현실에 꿈에 닿기 어려운 청년들에게 기회를 줄 수 없을까? 이러한 불일치 현상을 해소하기 위해 서초구는 자치구 차원에서 '블록체인 칼리지, AI 칼리지' 등 미래를 대비하는 교육 생태계를 만들고자 노력하고 있다. 이는 사실 기초단체가 아닌 국가 단위에서 해야 할 일이지만, 청년 위기 대안 모색을 위해 가능한 힘닿는 범위에서 추진하고 있다.

'청년 기본소득 정책 실험'도 이러한 관심과 노력의 연장선상에서 나왔다. 기본소득은 국민 모두에게 빈곤선 이상으로 살기에 충분한

월 생계비를 지원하는 정책으로, 전 세계적으로 사회 불평등을 극복할 대안으로 주목받고 있는 정책이다. 특히 이제 막 사회에 진입하는 청년들을 위한 기본소득은 더욱 의미가 있다. 독일에서는 2020년 8월 말부터 기본소득 효과 검증 프로젝트를 시작했으며, 미국, 핀란드, 캐나다, 스페인 등에서도 기본소득 실험을 추진하고 있다.

2020년 8월부터 시행한 청년기본법은 청년의 권리 및 책임, 국가와 지방자치단체의 청년에 대한 책무를 정하는 내용을 담고 있다. 청년기본법 제2조 제2항에 따르면 정부나 지자체는 청년이 성장할 수 있는 사회·경제적 환경을 마련하기 위해 '청년 마스터플랜'을 수립해야 한다고 나와 있다. 청년기본소득은 실제 효과에 대해 논란이 분분하지만, 정치권에서는 청년의 표를 의식해 무조건 주고 보자는 쪽으로 흐를 위험도 있다. 서울시와 경기도는 이미 변형적인 청년기본소득을 시행 중이다.

하지만 내 생각은 다르다. 청년기본소득이 어떤 효과를 낼 것인지 검증하고 확인할 필요가 있다. 막대한 예산과 행정력이 투입될 기본소득에 대해 탁상공론식 논의만 할 게 아니라 실제 정책 효과를 검증해야 한다고 생각한다. 그래서 나는 2021년부터 2년간 청년기본소득을 받은 그룹과 그렇지 않은 그룹을 나눠 정책 효과를 비교하는 '청년기본소득 랩(Lab) 실험'에 나설 계획이다.

실험 대상은 구에서 1년 이상 거주한 만 24~29세 청년 1,000명이다. 서류 심사로 뽑은 1,000명 중 300명을 무작위로 골라 2년간 매월 52만 원(2020년 기준 1인가구 생계 급여, 총 1,248만 원)을 지급한다. 이 그룹과 기본소득을 전혀 받지 않는 나머지 700명을 비교해 구직 활동이나 식생활에서 나타나는 차이점, 결혼이나 출산에 대한 인식과 행동 변화 등을 설문조사나 심층 면접을 통해 관찰하는 것이 기본소득실험의 기본 구조다. 월 지급액은 △월평균 취업 준비 비용(고용노동부 자료) △최저생계비('20년도 1인 생계 급여) 등을 바탕으로 했다.

그동안 기본소득의 효과에 대해서 과학적 근거 없이 입씨름에 가까운 논란만 있었다. 나는 청년들의 자립 기반을 확대하기 위해서 증거에 기반한 청년 정책이 필요하다고 보고, 과학적 정책 실험으로 새로운 정책의 효과를 검증할 계획이다. 실험 설계는 한국대통령학연구소 기본소득센터(센터장 연세대 이삼열 교수)에 의뢰했다. 예산은 연간 22억 원이다. 서초구의 연례행사 예산, 경상 경비를 줄여 예산을 만들었다.

이는 우리나라 최초의 기본소득 정책 실험이다. 대규모로 예산을 쓰기 전에 우선 검증해서 실제 효과를 측정해야 한다. 현재 경기도는 만 24세 청년 15만 명에게 분기당 25만 원씩 1년에 100만 원을 지급한다. 월 8만 3,000원 정도다. 그러나 이 정도로는 청년들이 실질적으로 자기 삶의 변화를 이끌어내는 데 턱없이 부족하다. 이왕 기본 소득을 지급할 것이라면, 어떤 방식으로 얼마를 지급할지, 어떤 효과가 있을지 사전에 측정해보아야 한다. 청년기본소득 실험이 성공하면, 경력 단절 여성과 한부모 가정을 꾸려가는 여성을 위한 '여성기본소득' 실험도 추진했으면 한다. 이는 향후 기본소득과 관련한 논의에 실효성 있는 데이터가 될 것이다.

플렉스(Flex)한 내 집 마련, '청년내집주택'

•

나는 이사를 많이 다닌 편이다. 서울 유학생일 때는 당연했지만, 결혼해서도 여기저기 이사를 다녀야 하는 신세를 면치 못했다. 1987년 초에 결혼했는데, 당시 집값이 갑자기 폭등할 줄 알았더라면 요사이 말로 '영끌'(영혼을 끌어모은다는 말의 줄임말)해서라도 집 장만을 했을 텐데 운이 없었다. 노태우 정부가 들어서고 분당, 일산 등 1기 신도시가 만들어지던 때였다. 처음 집을 장만할 기회를 놓치고 나니, 집값은 도저히 따라잡을 수 없을 만큼 끝없이 올랐다. 중구 신당동에서도 전세를 살았고, 양천구, 용산구, 구로구, 도봉구 등 여기저기 옮기며 둥지를 틀었다. 온 서울 시내를 돌아다니며 이삿짐을 수없이 싸고 또 풀면서, 서울 하늘 아래서 안정된 주거를 마련하기가 얼마나 힘든지 피부로 느꼈다.

그래서 안다. 지금 서울 시민이 얼마나 화가 많이 나 있는지를. 부동산값이 천정부지로 치솟았고 세금도 폭등했다. 이대로는 안 된다. 천만 시민이 적어도 내 집 한 칸을 장만해서, 편하게 살도록 해줘야 한다. 부동산 정책의 대전환이 있어야 한다. 특히 청년세대를 위한 주택 정책이 임대 위주에서 내집을 마련해주는 분양 정책으로 바뀌어야 한다. 주택은 다음 세대인 청년들의 미래에 큰 영향을 주기 때문이다.

결혼을 앞둔 30대 청년 A씨는 처음 얻은 전셋집을 7개월 만에 나왔다. 집주인이 입주해야 한다며 집을 비워달라고 했다. 운 좋게 3,000만 원짜리 전세를 구했지만 재개발 지역이었다. 이번엔 10개월 만에 옮겨야 했다. A씨는 여덟 번 이사를 다녔다. 많은 청년이 겪고 있는 한 맺힌 전월세 인생이다.

회사원 B씨는 보증금 2,000만 원에 월세 70만 원 원룸 월세를 살며 죽기살기로 3억 원을 모았다. 그런데 올해 미친 듯이 집값이 상승해 집을 살 수 있는 기회는 오히려 더 멀어졌다. 같은 시기, 그의 동료 C씨는 재개발 예정지 5평 원룸을 은행에서 3억 원을 대출받아 샀다. 두 달 만에 호가 5억으로 올랐다. 두 사람은 같이 밥도 안 먹는다. 상대가 미워서가 아니다. 집 이야기만 하면 천불이 나기 때문이다.

"지금이 막차다" "지금 안 사면 나중에 더 못 산다" 내가 번 돈으로는 감당할 수 없이 올라가는 부동산, 맘 편히 살 수 있는 보금자리를 얻을 수 없다는 불안감이 청년들을 '패닉 바잉'(가격 상승 등에 대한 불안으로 가격에 관계없이 생필품이나 부동산 등을 사들이는 일)으로 내몰고 있다. 문재인 정부 들어 한 달 반에 한 번꼴로 24번째 '땜질식 대책'이 나왔는데, 집값은 잡히지 않고 애꿎은 국민만 잡았다. 그동안 정부는 공급을 규제하고 징벌적으로 세금만 올렸다. 주택 정책을 총괄하는 장관은 30대 아파트 구입자들을 투기 세력으로 몰았다. 국민이 적인가? 집 한 칸 마련하겠다는 사람들을 투기꾼 취급한다. 걱정없이 쉴 수 있는 내 집을 갖고 싶은 것은 기본적인 바람이다. 그런데 이런 바람을 충족시켜줄 주택 정책을 수요자 중심으로 하지 않고, '국가가 하는 것이 옳아' '내 방식대로 따라와' 하고 밀어붙이니 집값이 잡히지 않는 것이다. 청년들에게 주거 안정을 약속하면서 그나마 임대주택 위주로 공급하고 있는데 이 또한 대단히 잘못됐다.

집값을 올리고 청년을 울리는 주범은 서울시다. 서울 역세권에 청년 주택 8만 가구를 짓겠다며 민간 사업자에게 용적률을 배로 올려주고 저리로 대출해줬다. 이 혜택으로 역세권의 땅값이 또 올라갔다. 민간 사업자는 영구 임대 물량을 빼고, 의무 임대 기간인 8년이 지나면 물량 70~90%를 일반 분양할 수 있다. 결국 개발 이익은 민간 사업자가 챙기고, 8년이 지나면 비싼 분양가를 감당할 수 없는 청년들은 사는 집에서 또 나가야 한다. 청년들은 만년 세입자로, 주거 유목민으로 살란 이야긴가! 내 집을 마련하고 싶은 청년에게 기회를 줘야 한다. 로또 분양을 막기 위해 시세 차익의 일부를 환수하는 방안 등 방법을 만들면 된다.

나는 청년세대를 위한 주택 정책이 임대주택 일변도로 전개되는 것에 반대한다. 내가 제시하는 대안은 양질이면서도 저렴한 분양주택 공급이다. 나는 이를 '청년내집주택'이라고 부르고자 한다. 기존 임대주택 정책은 청년·신혼부부에 대한 임대주택 공급으로, 임대 기간이 끝나면 이들은 주거 유목민으로 전락할 우려가 있다. 아무리 집은 사는(Buying) 것이 아니라 사는(Dwelling) 곳이라고 말한들, 수천 년을 이어온 '내 집'에 대한 문화적 DNA를 바꾸기는 어려운 것 아닌가. 나는 청년세대, 특히 1인가구가 늘고 있는 시대에 청년들을 위한 주택 정책으로 공공임대주택(20%)과 저렴한 청년내집주택(80%) 공급을 병행하는 방법을 찾아보았다. 그렇게 하면 1인가구 청년들이 결혼을 하고 가족을 꾸려 신(新)중산층으로 이동하는 사다리가 마련된다. 하지만 어떻게 저렴한 분양주택을, 그것도 서울에 마련할 것인지가 숙제다.

먼저 서울시가 청년과 신혼부부의 주거 정책으로 제시한 소형(14~40m²) 임대주택 공급 안과 서울시와 경기도가 제안한 역세권 청년주택, 지분적립형 분양주택을 살펴보자. 2030 역세권 청년주택(8만 가구)의 경우에는 공공임대는 거래가 불가능하고, 민간임대는 8년 임대 후 분양할 수 있는 조건이다. 8년은 결코 긴 기간이 아니다.

전세 계약을 한 번만 갱신하면 4년 아닌가. 8년 후 분양가가 청년·신혼부부가 감당할 수 있을 가격에서 결정되겠는가? 정작 청년이나 신혼부부는 자산이 부족해 분양 받기가 어렵고 민간 사업자만 용도지역 상향으로 이익을 챙길 가능성이 높다. 지분적립형 주택은 사업 시행자인 공공기관의 부채가 늘어날 가능성과 함께, 분양 전환이나 매각 시 기존의 '10년 임대 아파트'에서 나타났던 분양 전환가 산정 분쟁과 비슷한 문제가 일어날 수 있다. 판교 10년 공공임대 아파트에서 LH(한국토지주택공사)를 상대로 대규모 소송전이 있었던 것을 기억해보라. "보금자리 입주 서민들 쫓겨날 처지"라며 엄청난 사회문제가 됐다.

　서울시의 청년세대 부동산 정책은 진단과 처방을 원점에서 재검토할 필요가 있다. 청년들은 "평생 내 집을 한 번도 가져보지 못할 것 같다"는 상대적 박탈감에 고통스러워한다. 기존 정책에 대한 발전적인 패러다임 전환으로 나는 무주택 청년·신혼부부가 초기에 분양가의 20~30%를 선납하는 방식으로 주택 지분을 매입하고 나머지는 모기지론(저리 융자)을 활용해서 30년 장기 상환하는 '청년내집 정책'을 제안한다. 물론 '청년내집주택'도 택지 개발과 건설 전 과정에서 공공성을 가진다. 그렇기 때문에 역세권 청년 주택처럼 조성 당시 공공임대 분량으로 20%를 공급하고 나머지 80%를 시장 가격의 70~80% 선에서 책정하자는 것이다. 단, 기존의 역세권 청년 주

표1 〈사업별 주택 공급 방식 비교〉

구분	역세권 청년주택 (서울시 운영)			지분적립형 분양주택 (서울시 새로운 제안)	지속가능형 청년분양주택 (서초구 제안)
운영 방식	소득요건에 따라 청년·신혼부부			무주택자 중 초기 주택지분 40% 매입 후 20~30년간 지분 확보	청년·신혼부부 무주택자 중 초기 주택지분 20~30% 매입 후 나머지 모기지론 활용 30년 장기 상환 ※시세의 80% 수준 분양가 산정
	공공임대 ※공공기여 (10~30%)	민간임대 (40~60%)	민간분양 (30% 이내)		
조건	공공임대 주변 시세 30% 내외 민간임대 주변 시세 50~95% 이하			전매 제한 이후 매각 (지분 포함)가능 ※지분만큼 소유권 이전	소유권 이전
공급 유형	청년 전용 14~20㎡ 신혼부부 전용 30~40㎡ 민간분양(임대) 전용 60㎡ 이하			미정	49㎡(공급면적 20평형) (※청년·신혼부부 선호 주택 반영)
거래 유무	공공임대 거래 불가능(영구 임대) 민간 임대 8년 임대 후 분양			중간 매도 시 소유권 부분을 감정가(또는 은행예금 이자율)로 공공에 이전	일반 주택과 동일 (자유 거래 가능)

출처: 서초구 보도자료 2020.07.30.일자

표2 〈청년분양주택 가격 시뮬레이션〉

대상 아파트	검토 대상 (전용면적)	국토부 실거래가 (2020년 평균)	초기 20~30%	잔여 70~80%	30년간 이자 비용 (모기지론 연1.0% 30년 거치)
우면동 일대	49㎡	약 8억 7,000만 원 80% 약 7억 원	1억 4,000만 원 ~ 2억 1,000만 원	4억 8,500만 원 ~ 5억 5,400만 원	약 1억 4,500만 원 ~1억 6,600만 원 (연 480만 원~550만 원, 월 40만 원~46만 원)

택이나 지분적립형 주택이 임대 혹은 지분만큼만 소유권 이전을 하도록 한 것과 달리 '내 집'이라는 개념을 분명히 한다는 점이 차이점이다.

집 크기도 청년과 신혼부부가 선호하는 다양한 주택형을 반영하고, 일반 주택같이 자유로운 거래가 가능하도록 해야 한다. 지분적립형 주택은 중간에 팔 때 소유권 부분을 감정가 혹은 은행예금 이자율을 적용하여 공공에 이전하게 되어 있는데, 청년내집주택은 시장 가격을 인정해준다는 점에서 차이가 있다.

과제는 주택 가격이 급상승했을 때 저렴한 분양가와 시장가격의 차이를 어떻게 해야 할 것인가 하는 점이다. 실제로 서울의 일부 공공주택지구는 실거래가가 분양가의 3~4배 이상으로 올라 그 차익이 결과적으로 불로소득이 되었다. 나는 이런 '로또 분양'을 방지하기 위해 '수익공유형 모기지' 제도를 제안한다. 주택을 매각할 때 시세 차익의 일부를 거주 기간과 자녀 수에 따라 환수할 수 있는 방안을 검토할 수도 있을 것이다.

청년 1인가구나 신혼부부의 주거 특성은 출퇴근이 편해야 한다는 점이다. 나도 출퇴근과 아이 돌보는 데 최적의 집을 구하는 일이 쉽지 않아 고생했는데, 요즘도 청년들이 구할 수 있는 집들은 교통이나 안전에 취약한 경우가 많다. 2015년 국토교통부 조사(신혼부부 주거실태 패널조사)에 따르면 결혼 5년 차 이하 신혼부부들은 집을 구하는데 직장과의 거리가 가장 중요하다고 답했다(47.6%). 그 다음이 주거환경(26.6%)이었으며, 부모 집과의 거리(17.7%)가 중요하다고 답한 응답자도 적지 않았다. 경제협력개발기구(OECD) 자료에 따르면 우리나라 평균 편도 통근 시간은 62분이다. 회원국 전체 평균인 28분보다 두 배가 넘는다. 출퇴근에 2시간 이상을 쓰는 셈이다. 하루 2시간을 통근에 쓰면 실제로 쉴 시간을 확보하기 어렵다. 우리나라 근로자의 수면시간이 OECD 회원국 평균보다 2시간 적은데, 통근 시간 때문이라고 추측할 수 있다.

일자리가 많은 도심과 지하철, 버스 등 공공 교통으로 쉽게 접근할 수 있는 곳에 값싸게 공공 주택을 지을 땅이 있을까? 이 질문에 대한 내 답 역시 Yes다! 생각을 바꾸면 된다. 아파트 지어 누군가 이득을 볼까 봐 공급을 규제하는 방식이 아니라, 모두가 좀 더 편안한 주거를 얻을 수 있도록 생각을 바꾸면 답이 나온다. 서초구만 해도 우면동 교육개발원 주차장 부지를 종 상향해서 제2종 일반주거 지역을 준주거 지역으로 바꾸면 용적률 400%의 아파트를 지을 수 있다. 애초 서울시는 부지의 78%가 그린벨트인 기존 건축물을 리모델링하여 노인주택 98세대를 마련하고 주차장 부지는 7층 높이의 행복주택 246세대를 짓는 등 공공임대 주택 344세대를 공급하고자 했지만, 나는 미래 세대를 위해 훼손된 그린벨트는 복원하여 자연으로 돌려주고, 개발이 가능한 주차장 부지를 종 상향하여 청년내집주택으로 짓자고 수정 제안했다. 그린벨트를 점진적으로 원상 복구함으로써 공공에 기여할 수 있으며, 주차장 부지를 종 상향하면 건립 세대를 45%나 더 지을 수 있다. 훼손된 녹지를 복원하면서 주거 공급을 확대하는 두 마리 토끼를 다 잡을 수 있다.

창작과 생업의 경계에 선 청년 예술인

•

청년은 불안하고 예술인은 배고프다. 청년 예술인은 주거와 일자리 문제로 더욱 불안하고 배고프다. 2020년 코로나19 사태로 문화·예술 분야 청년들은 최악의 상황을 맞이했다. 문화관광부가 2020년 국정감사에 제출한 자료에 따르면 올해 프리랜서 예술인 고용 피해가 1,260억 원으로 추정됐다. 공연 건수는 작년 동기 대비 35.8% 줄었고 예매 지출 비용은 67% 줄었다. 방역을 이유로 국공립 극장, 전시관이 가장 먼저 문을 닫고 공연을 취소하면서 청년 예술가들은 기댈 곳은커녕 숨 쉴 구멍도 없어졌다.

무엇보다 청년 예술인의 가장 큰 부담은 활동 무대가 사라지는 것과 함께 주거 문제다. 국내 최고의 문화예술복합 공간 예술의전당을 끼고 있는 서초구에서는 코로나19로 어려움을 겪고 있는 청년 예술인을 위해 일자리와 창작 활동 및 공간 등 다양한 분야에서 지원 방안을 시행하고 있다. 청년 예술인들이 참여하는 '서리풀 청년 라이브' '서초실내악축제' '서리풀 문화클라스' 같은 언택트 공연과 함께 지역 내 카페에 전시 공간을 마련해 청년 작가의 작품을 전시하고 활동비를 지원하는 '서리풀 청년 갤러리카페 지원사업'을 긴급 운영하고 있다. 특히 '서리풀 청년아트센터'에서는 무료로 연습 공간을, '서리풀 청년아트갤러리'에서는 전시 공간을 청년 예술인에게 지원하고 있다.

청년 예술인들의 활동 공간 제공과 함께 추진 중인 '서리풀 청년 아트타운'은 청년 예술인들에게 촘촘한 주거 안전망을 제공하기 위한 맞춤형 공공임대 주택지원 사업이다. 청년 예술인에게 일자리와 창작 공간을 지원하는 데 이어 보금자리까지 제공하는 3박자 지원책이다.

서울주택도시공사(SH공사)와 업무 협약을 맺어 서초동 서초음악 문화지구 인근(서초구 반포대로9길 59-16, 서초구 남부순환로315길 88-7)에 지상 5층 2개 동, 총 29세대를 지었다. 이곳은 입주 청년들의 경제 부담을 최소화하기 위해 개별 냉난방 시설, 냉장고, 세탁기, 에어컨 등 가전제품을 설치했으며 입주민 전용의 악기 연습실, 공동 커뮤니티 공간 등 청년 예술인을 위해 특화된 공간도 마련했다. SH공사가 주택을 매입하고, 서초구가 지역사회 환경과 입주자 수요 등을 종합적으로 고려하여 입주자를 자체 선정·운영한다.

약 20년간 방치됐던 예술의전당 지하보도가 청년 예술가들을 위한 갤러리로 재탄생했다.

서리풀 갤러리에는 청년 예술가들의 다양한 상상력이 담긴 작품들이 전시돼 있다.

청년 예술인의 삶과 꿈을 위한 프로젝트로 '청년갤러리카페'와 '서리풀 청년아트센터' '1인 1악기' '버스킹 프로젝트'를 시행하고 있다. 문화체육관광부 예술인 실태 조사('18)에 따르면 전업 예술인의 76%가 프리랜서로 불안정한 고용 상태에 있으며, 겸업 예술인의 70% 이상은 소득 문제로 예술 활동에 전념하지 못한 것으로 나타났다.

문화·예술 활동의 특성상 청년들은 더욱 제한된 활동 기회와 불안한 고용, 불충분한 수입으로 어려움을 겪고 있다. 이러한 청년 예술인에게 전시와 공연 기회를 제공하고 일자리를 창출하기 위해 서리풀 청년아트센터를 건립했다. 또한 서리풀 청년아트갤러리를 통해 창작 전시 공간을 지원했으며, 1인 1악기 사업과 버스킹 사업 등 청년들을 위한 문화예술 프로그램도 추진한다.

청년갤러리카페 지원은 동네 카페에 청년들의 작품 전시 공간을 마련해, 청년 작가들에게는 활동 기회를 주고 주민들에게는 일상에서 예술 작품을 향유할 수 있도록 하는 사업이다. 참여하는 청년 작가들은 50만 원의 지원금과 작품 전시·판매 기회를 제공하고 장소를 내주는 카페 점주는 작품이 그려진 컵 홀더와 홍보용 배너를 지원받는다. 주민들은 갤러리에 가지 않아도 가까운 동네 카페에서 그림을 감상할 수 있으니 모두에게 좋은 프로그램이다. 2019년에 시범적으로 카페 10곳에서 10명의 청년 작가 작품을 전시했는데 작품 판매가 이뤄질 정도로 반응이 좋아 확대 시행 중이다.

1인 1악기 사업은 청년 예술가들에게 일자리를 만들어주고 어린이들에게는 문화·예술 DNA를 심어주는 사업이다. 2019년 서리풀 페스티벌 마지막 날, 반포대로에 울려 퍼진 서초 꿈나무 610명의 악기 연주는 많은 분에게 박수를 받았다. 눈물을 흘리는 분들도 계셨다. 소득이나 집안 형편에 상관없이 서초구 관내 어린이들은 악기 한 가지 이상을 연주할 수 있다. 악기 구입비를 지원했고 청년 예술인 170여 명에게 강사로 일할 기회를 제공했다. 이 또한 상생하는 사업이다.

인적이 뜸했던 예술의전당 지하보도는 서리풀 청년아트갤러리로 새롭게 태어났다. 청년 미술가들의 기획전시와 함께 음악 공연도 할 수 있다. 음악 예술인에게 연습실·공연장·회의 공간을 지원하는 창작 라운지 '서리풀 청년아트센터'도 2020년 8월에 개관했다. 개인 연습실과 공연장에는 업라이트피아노와 그랜드피아노를 갖췄다. 서리풀 청년아트센터 블로그를 통해 사전에 예약하면 1일 최대 3시간까지 무료로 이용할 수 있다.

⌂* 여성을 위한 도시

여성정책연구소 이야기

•

대통령 부인의 역사와 유형, 역할에 대한 글을 여성신문에 연재하고 책으로 펴낸 적이 있다. 1998년 김대중 정부의 청와대로 들어가면서 나의 삶은 한번 크게 방향 전환을 했고, 그로부터 10년 만인 2008년 나는 또 다른 삶의 문을 활짝 열었다. 서울시 여성가족정책관으로 들어간 것이다.

정치부 기자로 뛰던 열정과 혈기를 자원으로 청와대의 부름에 답했던 30대 때와는 또 다른, 세상 물정을 어느 정도 겪고 좀 더 어른스러워진 40대가 된 후였다. 청와대 비서관으로 주로 굵직한 국정과제의 기획과 조율을 했다면, 서울시에서는 시민 한 분 한 분의 실제적이고 구체적인 삶에 직접 관련되는 일을 기획하고 실행했다.

서울시에서 한 일은 정말 즐겁고 의미 있었다. 2008년 5월부터 2010년 7월까지 6개과 900명(2010년 2월 기준 정원 922명, 현원 906명)

이상을 이끌고 여성가족정책관으로 일하며 가장 주력했던 일은 여성행복도시 업무와 서울형 보육 정책, 저출생 가족 정책이었다.

2008년 5월 여성가족정책관으로 임명장을 받는 자리에서 당시 오세훈 시장은 "여행프로젝트를 살려주세요"라고 딱 한 말씀하셨다. 지인들에게 여행프로젝트에 대해 물어보았더니 다들 관광 업무인 줄로 알았다. "여성정책관이 관광 업무도 맡아요?" "좋겠다. 여행은 실컷 다니겠네"와 같은 반응이었다.

여행프로젝트는 '여성행복프로젝트'의 줄임 말이다. 아무리 시행 초기라고 하지만, 이렇게 아무도 모를 수 있을까 할 정도로 시민들에게는 아무런 개념도 전달되지 못한 상태였다. 하지만 지금 생각해 보면 상당히 앞서 간 정책이었다. 인구 1,000만 명이 넘는 거대 도시 서울에서 교통·건설·복지 등 할 일이 수두룩한데, '여성'이라는 키워드를 앞세워 이들을 행복하게 만들 수 있는 정책을 펼쳐야 한다니, 여성에 관련된 업무는 모두 여행프로젝트에 해당했다.

교통·주거·교육·복지·환경·문화, 어느 하나 여성과 관련되지 않은 업무가 없지만, 또 반대로 생각하면 모두 담당 부서가 있는데 여성가족정책관이 여성과 관련한 사안에 대해 모두 '참견'하고 끼어들어야 하는 일이기도 했다. 지금은 성 인지적(Gender Sensitive) 관점이 정책 수립과 시행 전 과정에 보편적으로 적용되지만 (꼭 실현되는 건 아니지만) 그때만 해도 매우 앞서가는 개념이었다.

당시 오세훈 시장은 내게 여행프로젝트를 진행하며 다른 부서에서 협력이 잘 안 되면 바로 직보하라고 했다. 하지만 내 공직 경험을 통해 보자면 직보는 곧 왕따를 의미했다. 그래서 직보는 좀 어렵겠다고 했더니, 아주 인상적인 말씀을 했다. 새로운 일을 하려면 저항이 있을 수밖에 없고, 그 저항을 극복하지 못하면 앞으로 나아갈 수 없다는 말이었다. 순간 정신이 번쩍 들었다. 그때 나는 아웃사이더 체질이 힘이 될 수 있음을 다시 한 번 절감했다.

오 시장에게 들은 말 중에 기억에 남는 한마디가 더 있다. 리더는 "디테일에 강해야 한다"는 말이었다. 막연하게 일하는 것이 아니라 작은 것 하나도 놓치지 않는 것이 실력이자 추진력이라는 의미였다. 리더에게는 '3력'이 있어야 한다. 실력, 매력 그리고 담력이다. 나는 여성가족정책관으로 있으면서 이 셋 중에 실력과 담력을 키울 수 있었다. 먼저 이 둘을 갖추면 매력은 저절로 따라오는 것이었다.

여행프로젝트 2010

•

여행프로젝트는 기본 설계만 있었지 구체적인 실행 내용이나 방안이 없어서 추진력을 낼 수 없는 상태였다. 시의 한 고위 관계자까지 "여행프로젝트는 호치키스 프로젝트"라고 뼈 있는 농담을 하기도 했다. 150개가 넘는 서울시 각 실·국에서 여성 관련 부분만 빼서 모은 자료들을 호치키스(스테플러)로 찍어 묶은 사업이라는 뜻이다. 새로 그 일을 맡은 사람 앞에서 그렇게 대놓고 말할 정도로 얕보이는 프로젝트라면, 직보 왕따를 당하는 게 문제가 아니라는 생각이 들었다.

여행프로젝트 추진 2년간 브랜딩 작업을 거쳐 9대 대표 사업을 선정해 중점 추진했다. 아이디어도 중요했지만, 서울시 수많은 담당부서의 협력을 이끌어내는 것이 가장 큰 일이었다. 마치 롤러코스터를 탄 것처럼 잘 풀릴 때는 쑥 올라갔다가도 일이 얽히면 급전직하했다. 얼음 바다를 깨고 나가는 뚝심과 속도, 끈기가 필요했다.

원래 여행프로젝트는 서울시 여성 직원의 한마디에서 시작됐다. 시청 주변의 보도블록 사이에 구두굽이 자꾸 끼어서 운동화를 신고 다닌다는 것이다. 서울시 여성 정책은 법과 제도 개선도 중요하지만, 실생활에서 여성들이 겪는 불편·불안·불쾌를 없애 여성들이 행복한 도시를 만들자는 데서 출발했다. 전문가 및 관계자와 회의를 하고, 생활 속 불편 사례에 대한 시민 여론조사를 했으며, 시정 모니터 운영 등으로 여론을 수렴해 '여행프로젝트 2010'을 확정했다.

뒤늦게 뛰어든 셈이었지만 21세기 도시 정책의 패러다임을 시민 행복으로 바꾸는 데 전적으로 공감했다. 물질적 성장을 추구하던 '하드 시티'에서 문화·예술·디자인을 중시하는 '소프트 시티'로 변화하는 데 여성이 지닌 경쟁력은 바로 도시의 경쟁력과 직결된다는 점이 핵심 사안이었다.

여행프로젝트를 통해 크고 작은 규모의 사업 90개를 진행했다. 지금은 어디서나 볼 수 있는 분홍색으로 표시된 여성 주차장, 늦은 밤에도 안심하고 귀가할 수 있는 안심 귀갓길 서비스를 그때 만들었다. 일하는 엄마들이 초등학생 자녀의 급식도우미로 갈 시간을 낼 수 없는 문제를 해결하기 위해 만든 학교 급식도우미 제도 등, 어찌 보면 소소해 보일 수 있지만, 당자들 처지에서는 심각한 문제들을 착착 해결해나갔다.

특히 취업 사각지대에 놓인 주부들을 위해 여성 일자리 지원 사업으로 '엄마가 신났다' 프로젝트를 추진하고 '여성 취업·창업 박람회'를 열어 일자리와 일할 분들을 연결하는 데 성공하기도 했다.

여행프로젝트는 시행 과정에서 어려움이 많았던 만큼 보람도 컸다. 우리나라에서만 처음 시도한 일이 아니라, 세계적으로도 초유의 일이었기 때문이다. 유엔은 2006년부터 매년 전 세계 공공기관의 행정 서비스와 정책 가운데 우수 사례를 선정해 시상하는데, 여행프로젝트가 대한민국 최초로 2010년 유엔공공행정 대상을 받았다.

유엔은 여행프로젝트가 여성 전용 주차장과 화장실 등 도로와 교통, 문화에 이르기까지 전 범위에서 여성을 배려하는 시설을 확대한 '생활 밀착형' 정책이라고 높이 평가했다. 정말 뿌듯했다. 함께 애

써준 모든 사람 덕분이었다. 여성 전용 주차장은 최근에는 여성뿐만 아니라 아기를 동반한 아빠, 노약자 등 교통약자 모두 이용하는 공간으로 진화했다.

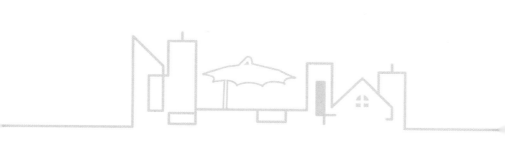

03

발상의 전환으로
복지사업을 펼치다

실용 정신으로 일구는 복지

1원의 실용주의자

•

나는 어릴 때 예쁘다는 소리를 한 번도 듣지 못했다. 대신 '억척이'라는 소리를 많이 들었다. 두 살 위 오빠는 학교에 일찍 들어가 학년으로는 3년 차이가 났다. 오빠가 참 고집이 센데 나도 고집이 센 편이라 늘 지고 싶지 않았다. 별걸 다 갖고 경쟁을 했다. 한번은 손가락으로 팔씨름을 했는데, 서로 지지 않으려고 하다가 손가락이 퉁퉁 부은 적도 있었다. 진 사람이 손등을 맞는 게임을 하다 세게 때려서 손등이 퉁퉁 부었다. 오빠도 나도 이겨야 했다. 지금은 정말 사이가 좋은데 어린 마음인 그때는 그랬다.

동생과는 네 살 차이가 난다. 아직도 남동생이 태어나던 장면이 생생하게 떠오른다. 경북 청송군 파천면, 1970년대가 되어서야 전기가 들어왔던 시골. 한낮이었는데도 저녁 어스름으로 기억할 정도로 사방이 어두웠다. 작은 초가집 방에서 초등학교 선생님이셨던 아버지가 동생을 직접 받았다. 동네 아주머니 한 분이 도우러 오셨다. "뜨거운 물!" "가위 소독했어요?" 큰소리로 외치던 아버지 모습이 눈에 선하다.

삼 남매의 둘째였던 나는 평생 둘째 콤플렉스, 2등 콤플렉스를 안고 살았다. 힘들었지만 2등 콤플렉스와 아웃사이더로서의 위축감은 오히려 내 인생을 지탱하는 힘이 되기도 했다. 1등은 외롭다. 누구나 자신을 타깃으로 덤비니까. 하지만 2등은 주변에 같은 곳을 바라보고 있는 동지가 많다. 둘째로 태어나 평생 첫째를 바라보는 '기타 등등'으로 살았던 경험이 내 안에 내재된 것은 세상의 수많은 '기타 등등'에 귀를 기울이고 공감하는 능력을 키워주었다.

둘째로 자라면서 얻은 성격과 아웃사이더 기질은 실상 엄청난 힘이다. 우연히 접한 《타고난 반항아》란 책을 읽고 나는 온 세상에 불이 번쩍 켜지는 것 같은 해방감을 느꼈다. 하버드대학에서 과학사를 전공한 이 책의 작가 프랭크 설로웨이는 인류 역사를 바꾼 주역들은 형제 가운데 늦게 태어난 사람, 즉 둘째나 그 동생들이라고 주장한다. 출생 순서에 따른 '형제간 경쟁' 전략이라는 진화생물학적 관점으로 봤을 때, 둘째(혹은 그 아래)들의 반항적 성향, 혁명적 성격이 세상을 바꾸었다는 것이다. 그는 종교개혁 등 121개의 역사적 사건과 진화론을 포함한 28가지 과학 혁신을 찾아내어 관련된 인물 6,566명의 삶을 연구해 이와 같이 주장했다.

설로웨이는 "한 가족 내의 형제들은 공동의 한정된 자원을 서로 차지하기 위해 싸우는 작은 새들과 같다. 둘째를 비롯한 후 순위 출생자들은 첫째와 경쟁에서 이기기 쉽지 않다. 첫째가 위대한 창던지기 선수이고, 둘째가 그를 이길 수 없다면 둘째는 활과 화살을 만들게 될 것"이라고 설명한다. 맞다. 둘째들이 얼마나 적극적이고 반항적으로 투지를 키워왔던가!

아버지는 큰외삼촌 방직 공장 일을 돌보셨고 엄마는 그 공장에서 검단 일을 하셨다. 넉넉지 않은 살림이다 보니 나는 용돈이란 걸 받아본 적이 없었다. 먹여주고 입혀주고 학교도 보내주는데 용돈은 무슨! 이런 분위기였다. 먹고살기 바빴으니까. 가끔 보물찾기에 성공했을 때 1원이 생겼다. 집에 오래된 재봉틀이 있었는데 재봉틀 서랍에 어쩌다 1원짜리 동전이 들어 있었다. 그걸로 가게 가서 뭘 사먹고, 엄마에게 혼날까 봐 무서워서 집에 못 들어간 적도 있다.

외삼촌에게 1원을 받기 위해 억척스럽게 시내까지 따라다닌 적도 있다. 큰외삼촌은 종종 공장을 돌아보러 오셨다가 우리를 보면 1원씩 용돈을 주셨는데, 아무리 1원이라도 매일 줄 수는 없는 일이라 어떤 때는 그냥 가시기도 했다. 그러면 나는 둘째 기질을 발휘해 줄 때까지 따라갔다. 1966년 1원짜리 동전이 처음 나왔으니, 그 이후였던 것 같다.

그때만 해도 정부가 막 경제개발 5개년 계획을 발표하고 금성사에서 최초로 19인치 진공관식 흑백텔레비전을 내놓았던 시절이다. 당시 쌀 1가마(80킬로그램)가 2,500원이었으니, 쌀값 떨어진 것을 감안해서 요새 가격으로 환산해보면 따라가서 200~300원쯤 받은 셈이다. 요즘 유치원생이 외삼촌에게 300원을 받겠다고 그렇게 따라가는 일이 있을까? 정말 돈이 귀할 때였다. 오빠와 동생은 안 그랬는데, 나는 둘째라서 도도한 자존심이 별로 없었기 때문인지도 모르겠다.

지금 생각해도 희한한 게, 그렇다고 직접적으로 돈 달라는 말은 안 했다. "아재요, 돈 주세요" 이러면 너무 노골적인 거 같아서. 5미터, 3미터, 1미터… 거리를 좁히며 계속 뒤 따라가다 외삼촌이 인기척을 느끼고 뒤돌아보실 때마다 인사를 꾸벅했다. 그러면 외삼촌은 결국 돈을 주셨다. 그러다 한번은 너무 멀리 따라가서 돌아올 때 길을 잃었다.

천신만고 끝에 돌아왔는데, 외삼촌에게 용돈을 받으면 항상 달려가서 과자를 사 먹던 점방(가게)이 나온 뒤에야 '우리 집에 다 왔구나' 하고 안심했다. 나중에 내가 그렇게 먼 시내까지 갔다가 돌아왔다는 사실을 아시곤 부모님께서 "억척이다. 억척" 하고 경악을 했다. 내게 자존심은 중요하지 않았다. 1원을 얻을 때까지 따라갔다. 나는 자존심보다 용돈이 중요한 조그만 실용주의자였다.

제2의 삶과 도전, 청와대 비서관

•

억척이 기질은 인간관계에서도 빛을 발한다. 나는 한번 잡은 사람은 결코 놓지 않는다. 아니, 나에게 잡혔던 사람들이 나를 놓지 않는다는 것이 더 정확할 수도 있겠다. 세상 물정 모르고 특종 욕심에 여기저기 뛰어다녔던 기자 시절, 정호용 의원을 내놓으라고 멱살을 붙잡았던 김중권 실장이나 정계 복귀 특종으로 곽에서 발목을 잡았던 DJ와의 인연은 나를 꼭 붙들어서 내 삶을 전혀 다른 방향으로 틀어놓았다.

1997년 가을, 대한민국은 사상 초유의 경제 위기와 맞닥뜨렸다. 국가 신용도가 뚝 떨어지고, 급기야 한국 경제는 국제통화기금(IMF)의 관리 대상이 되었다. 기업마다 감원 태풍이 몰아쳤고 언론사 또한 경영난에 봉착했다. 내가 일하던 경향신문도 어려워졌다. 그해 12월 대통령 선거에서 DJ가 당선되었다. 여러 요인이 있었지만 경제난을 극복하겠다는 공약이 유권자의 마음을 움직였을 것이다.

호남 출신의 김대중 대통령은 그야말로 '망국적' 지역감정을 해소하고 동서화합을 추구한다는 차원에서, 노태우 정부 시절 정무수석을 지낸 경북 울진 출신 김중권 전 의원을 청와대 비서실장으로 발탁했다. 대담한 시도였다. 기존의 프레임을 깨는 인사였다. 그때 청와대 비서실에 행사기획비서관이라는 자리를 신설했다. 국민과 소통하기 위해 꼭 필요하다는 판단에서 만든 자리였다.

전에 없던 자리인데 누구를 데려와야 하는지를 놓고 여러 이야기가 있었던 모양이다. 프레임을 깨는 담대함! 이 자리에 꼭 필요한 요소였다. 대통령과 김 실장은 '조은희'라는 이름을 동시에 떠올렸다고 한다. 두 분 모두 나와 특별한 만남을 기억했다고 한다. 내가 전혀 예기치 못한 방법으로 대담하게 나타났던 것을 인상적으로 본 것이다. 행사기획비서관은 창의성을 발휘해 새로운 아이디어로 발상의 전환을 할 수 있는 자질이 있는 사람이 필요하다며, 두 분 모두 나를 부르는 데 동의했다고 한다.

1998년 2월 25일 새 정부가 출범했다. 나는 바로 전날 24일 오후 5시쯤 통보받았다. 김중권 비서실장이 전화해서 청와대 비서관으로 올 생각이 있느냐고 물었다. 정무비서관이면 내가 정치부 기자로 있었기 때문에 좀 생각해보겠지만 행사기획비서관은 적합한지 모르겠다고 했다. 그랬더니 적합하고 아니고는 내가 아니라 청와대에서 결정한다며 예스인지, 노인지만 말하라고 했다. 나는 기자와는 또 다른 영역에서 국민에게 봉사하는, 공직이라는 새로운 영역에 도전해보기로 결심했다. 다음 날 취임식과 청와대 비서실에 다녀오고 나서 신문사 책상을 치웠다.

그때 나는 지역감정이나 라인 그런 걸 전혀 생각하지 않았다. 참 순박한 면이 있었다. 막 30대 후반에 들어섰던 나는 기자로서의 삶과 전혀 다른 삶을 살게 된 데 기대가 컸다. 국가와 역사에 헌신하고 싶은 마음도 컸고 동서간 국민화합도 참 소중한 명분이었다. 기쁘게 청와대에 가서 정말 일을 많이 했다. 행사기획비서관은 한마디로 대통령과 국민이 소통하는 길을 뚫는 일을 하는 자리다. 그때까지는 의전비서관실에서 대통령 일정을 담당했는데, 내가 행사기획비서관을 맡으면서 처음으로 대통령이 직접 국민과 소통하기 위한 이벤트를 만들고, 미디어 채널을 이용하는 일을 시작했다. 기업이라면 마케팅 담당이라고 봐도 될 것이다.

나는 영남일보에 있을 때도 그랬고, 경향신문으로 옮겼을 때도 그렇고, 어딜 가든지 일을 만드는 스타일이다. 그것도 원래 하던 대로 굴러가게 두는 것이 아니라 다 뒤집어놓는 식으로 일한다. 김대중 정부가 출발할 때는 국가적으로 위기감과 우울감이 가득했다. 건국 이래 최대의 위기라고 했던 외환위기로 기업은 문을 닫고 하루아침에 직장을 잃은 사람들의 눈물 나는 이야기가 시중에 넘쳐났다. 국민에게 용기를 주고 위기를 잘 극복 하자는 메시지를 던져야 했다.

'금 모으기 운동'은 온 세계가 놀란 캠페인이었다. 나도 우리 아들 돌 반지 1개만 기념으로 남기고 다 내놓았다. 이런 대한민국을 믿고 투자해달라고 대통령이 직접 주요 국가에 광고를 했다. 나는 광고회사와 협업을 맡아 기업 마케팅 마인드로 대통령을 표현했다. '위대한 소통인'(The Great Communicator)으로 세계를 향해 대한민국의 힘을 호소했다.

비서관이 대통령을 직접 만나는 일은 거의 없지만 행사기획비서관은 달랐다. 대통령의 국정 철학을 정확히 이해하고 국민에게 전달해야 했기 때문에 대통령과 자주 만났다. 수많은 사람의 이야기를 미리 듣고, 핵심 메시지를 전달해야 하는 일의 특성상 늘 예민하게 날을 세워야 하는 민감한 자리였다.

행사기획비서관 1년 만에 문화관광비서관으로 자리를 옮겼다. 문화관광비서관 역시 그때 최초로 청와대에 설치된 자리였다. 정부는 문화 관련 예산을 건국 후 최초로 1% 편성하기로 약속했다. 문화강국을 만들겠다는 약속이었다. 당시 영화 〈타이타닉〉이 전 세계에서 역대 최고의 흥행 수입을 기록했는데, 한국에서 얻은 수입만 해도 쏘나타 자동차 수만 대를 판 것보다 컸다. '문화산업'에 대한 관심이 커졌던 때였다.

서초구청장이 되다

·

나는 새로운 영역을 개척하는 일을 좋아한다. 신기하게도 내 안에서 도전 의식이 솟아오르는 순간, 여러 번 외부에서 강력한 요청이 오곤 했다. 병아리가 알을 깨고 세상에 나오려 할 때, 새끼와 어미 닭이 안팎에서 껍질을 톡톡 쪼아주는 줄탁동기(啐啄同機)의 신비를 10년 주기로 만났다. 50대 초반을 넘기며 태어나서 처음으로 선출직에 도전했다. 나는 돈 버는 일에는 별 재능이 없지만, 공공을 위한 일에는 절로 힘이 난다. 기자로 일할 때도 그랬는데, 김대중 정부의 청와대에서 행사기획비서관, 문화관광비서관이라는 새로운 자리를 만들어 일하면서도 절감했다.

서울시에서 여성가족정책관으로 있을 때 서울형 어린이집 모델을 만들었다. 여성이 행복하고 안전한 도시를 만드는 정책을 개발하면서 지방자치 행정이 우리의 일상에 얼마나 중요한 영향력을 갖는지 실감했다. 서울시 정무부시장을 지낼 때는 25개 자치구 구청장들과 소통하는 일이 잦았다. 그때 구청장의 능력과 행동에 따라서 주민의 삶의 질이 판이하게 달라진다는 사실을 경험했다. 구청장 자리가 무척 매력적으로 느껴져 도전해보고 싶다는 소망을 품었다. 더 살기 좋은 대한민국, 더 멋진 서울시를 꿈꾸며 내가 살고 있는 서초구를 대한민국의 테스트베드로 삼아보고 싶었다. 그래서 기초단체장에 도전했다.

2014년 민선 6기 지방자치 선거에서 서초구청장으로 선출되었다. 첫 임기 동안 신나게 일했다. 빨간 소형 삼륜차를 타고 서초구의 크고 작은 골목골목을 누비며 다녔다. 휴대전화 번호를 공개하고 민방위톡·스쿨톡·보육톡을 통해 시민들을 직접 만났다. 시민들이 마음을 열어주는 것을 피부로 느낄 수 있었다. 시작해놓은 일들이 많아서 제대로 더 잘하고 싶었다. 4년 임기를 마치고 재선에 도전해 2018년 7월 재선 서초구청장이 되었다.

재선은 아주 어려운 싸움이었다. 2016년 가을부터 박근혜 대통령 퇴임 촉구 촛불시위가 계속되었고 12월에 국회에서 탄핵안이 통과되었다. 2017년 봄 대통령 탄핵 국회 결의가 헌법재판소에서 인용되었다. 대한민국 헌정사상 초유의 사태였다. 대통령은 자리에서 물러나 감옥으로 갔고, 5월 이뤄진 대통령 선거에서 문재인 대통령이 당선되었다. 두 달 후 시행된 지방자치 선거에서 자유한국당은 대구 경북 지역을 제외한 거의 대부분의 지역에서 참패했다.

서울에서는 25개 자치구 가운데 단 한 곳, 서초구에서만 자유한국당 후보가 당선되었다. 자유한국당 후보로 출마한 나는 선거를 치르며 선거대책위원회도, 선거자금후원회도 꾸리지 않았다. 선거출정식도 하지 않았다. 서초대로 길가의 자그만 빌딩 지하에 선거 사무실을 만들고, 낮은 자세로 주민들을 만나 뵈었다. 선거 직전 대통령이 탄핵당한 집권당 후보는 죄인이었다.

국정농단을 맹렬히 비판하는 분들에게 서초구가 감당해야 할 일들을 말씀드렸다. 선거가 끝난 뒤 "당은 싫은데 일 잘하는 조은희를 보고 뽑았다"는 말씀을 들으며 어깨가 무거웠다. 감사한 마음이 가득한 한편, 또다시 외톨이, 아웃사이더가 되었다는 명백한 현실을 받아들여야 했다. 정책 수행을 놓고 서울시와 충돌하고, 또 구청장 협의회에서 수시로 외면 받는 일이 지속되었다. 그럼에도 불구하고 45만 명 서초구민이 나를 택했다는 점이 중요했다. 민선 6기 시절 서초구에서 시작한 일들을 더 발전시키고 섬기라는 엄중한 요구로 이해했다.

50대의 나는 40대 때와 달랐다. 무엇보다 내가 공직에서 겪은 아웃사이더 경험을 더욱 긍정적으로 사용하고 싶었다. 1999년 겨울, 김대중 정부의 청와대에서 2년을 못 채우고 나와야 했던 시절이 떠올랐다. 그때 경북 출신 김중권 라인의 조은희는 갈 자리가 없었다.

그때 처음 지역감정이란 걸 온 몸으로 느꼈다. 대통령은 가끔 청와대를 그만둔 내가 어디서 무슨 일을 하는지 물어보았다고 한다. 하지만 이런저런 지연, 인연으로 네트워크를 이루고 있던 당시 집권 그룹 가운데 지연도 없고 학연도 없는 나를 챙기는 사람은 없었다.

하지만 청와대에 있을 때나 서울시에서 일할 때나 지역감정이 없으니 좋은 점도 많았다. 일할 때 누가 무슨 일을 맡아서 어떻게 하고 있는지를 보고 들었지, 그 사람이 어디 출신이고 어느 학교를 나왔는지 누구 라인인지는 머릿속에 입력되지 않았다. 맨 처음 서초구청에 왔을 때 무슨 파 무슨 파들이 많았다. 앞서 재직했던 구청장 이름을 딴 출신지별 파벌도 있었다. 이렇게 작은 지방자치 조직에 무슨 파벌이 그렇게 많을까 싶었다. 인사를 앞두고 밑도 끝도 없는 '복도

통신'이 흘러 다녔다.

첫인사 때 모든 라인을 무시했다. 나는 지역감정이나 패거리 경험에 근본적으로 관심이 없다. 그래서 조은희 라인도 없다. 내가 무슨라인에 들어간 것은 1998년 청와대에 들어가며 남들이 붙여 준 '김중권 라인'이 처음이었다. 라인이 달라지면 아무리 일을 잘해도 의미 없이 버려지는 냉혹하고 비열한 정치 현장을 뼛속 깊이 체험한후 농담으로 "양파랑 쪽파, 대파 말고는 어떤 파도 싫다"고 말해왔다. 내가 일하는 곳에는 어떠한 계파도 만들지 않기로 맹세했다.

나는 계파 대신 일꾼을 선택했다. 시민들에게 제대로 책임 있는행정 서비스를 제공하려면 우선 직원들이 자기 일에 행복하고 자부심이 있어야 한다. 인사로 불만이 나오지 않도록, 업무 평가와 인사원칙을 철저하게 지켰다. 청사를 드나들 때 직원들이 던지는 눈빛이달라졌다.

서초구청장으로 초선, 재선을 하면서 많은 정책을 개선했다. 동료직원들이 자기 일처럼 뛰었다. 블록체인 교육 때 IT 전문가들을 모시기 위해 얼마나 열심히 일했는지 "아니, 여긴 구청이 아니라 스타트업 같아요. 인센티브를 얼마나 주세요?" 하고 진담 반 농담 반 묻는 분도 계셨다. 나는 이렇게 말했다. "인센티브? 있지요. 제가 보내는 사랑의 눈빛." 말은 이렇게 했지만 사실 나는 직원이라는 말보다동료라는 말이 더 좋다.

⌂ˣ 시민의, 시민을 위한 생활 밀착형 행정

서리풀 원두막, 대한민국 표준을 만들다

•

한여름 땡볕 아래서 횡단보도 앞에 서 있는 어르신들을 보았다. '자외선이 장난이 아닌데… 여든을 훌쩍 넘긴 우리 엄마도 저렇게 뙤약볕 아래 서 계시겠지? 가로수 그늘이라도 있으면 좋을 텐데…' 하는 생각이 들었다. 생각이 꼬리를 물다가 불현듯 머리에 불빛이 반짝 들어왔다. '그늘을 만들면 되잖아!' 횡단보도 앞에서 신호등이 초록불로 바뀌는 데 적어도 2~3분은 기다려야 한다. 손바닥만 한 그림자도 찾기 어려운 대로변에서 보행 신호를 기다리다 눈앞이 하얘지는 경험을 한 사람이 한둘이 아닐 것이다.

2016년 여름은 정말 뜨거웠다. 한여름 지표 온도가 50도를 넘어섰다. 따가운 햇볕은 빌딩 유리와 자동차에서 반사되어 사정없이 피부를 찔러댔다. 어린아이와 임산부, 어르신까지 무차별 공격을 받았다. 이글거리는 태양 아래 사람들은 손바닥으로 하늘을 가렸다. 얼굴을 찡그려 봐도 하소연할 곳은 없었다. 연일 신기록을 갱신하는 최고 기온에 서울에서는 32일간 열대야가 이어졌다. 그해 여름 서울에 발령된 폭염 특보는 41일이었다. 평년 13일의 3배가 넘는 기록이었다.

땡볕 아래 거리에 나와야 하는 분들은 아무리 덥고 뜨거워도 더위를 피해 쉴 수 없는 사회적 약자인 경우가 많다. 조금 형편이 나은 사람은 차를 타고 다니거나 냉방이 가동되는 실내에 있을 테니까. 체온이 38℃가 넘으면 병원에 가야 한다. 한여름 폭염 경보는 일 최고 기온이 35℃ 이상인 상태가 2일 이상 지속할 것으로 예상될 때 발령된다. 그나마 폭염 기준인 35℃는 백엽상(기상관측용 설비가 설치된 작은 집 모양의 백색 나무상자) 같은 측정 장소에서 잰 온도다.

머리를 맞댔다. 온갖 아이디어가 튀어나왔다. "한여름 바닷가의 뜨거운 태양을 막아주는 파라솔이 도심에도 있으면 좋을 텐데." 엉뚱하고 황당한 아무 말 대잔치 회의가 진짜 회의다. "아이고, 그게 말이 돼?" "아니 왜 못해? 접었다 폈다 할 수도 있잖아요?" 그렇게 해서 그 유명한 '서리풀 원두막'이 태어났다. 처음에는 두 곳에 시범 설치했다.

"직경 2미터의 커다란 양산이라고?" 반응이 폭발적이었다. 어르신, 아이들 모두 좋아했고, 땀방울 뚝뚝 흘리며 일하러 다니는 젊은 이들도 좋아했다. 햇볕만 가리는 게 아니라 바람도 통해서 그늘을 더 시원하게 만들어줄 원단을 찾았고, 거리를 아름답게 만들기 위해 디자인도 고려했다. 어떤 원단이 한여름 장마를 견디고 뜨거운 햇볕을 버텨낼지 파라솔 회사를 차려도 될 만큼 수십 종의 원단을 검토했다. 내가 방직공장 딸 아니던가! 내 안에 숨어 있던 전문성이 발휘되었다. 도심의 상록수를 떠올릴 초록색이 좋을지, 시원한 새파란색이 좋을지, 우아한 코코아색이 좋을지 계속해서 고민했다. 태풍에도 끄떡없이 든든히 서 있을 수 있도록 안전도 최우선으로 고려해야 할 사항이었다. 그렇게 해서 커다란 양산, 햇빛 가리개가 등장했다.

서초형 그늘막인 '서리풀 원두막' 탄생 배경이다. 서리풀은 서초의 순우리말 이름이다. 도시 그늘막에 고향의 감성을 입혀 원두막이라고 이름을 지었다. 이듬해 4월 서초구 주요 횡단보도 52곳에 서리풀 원두막을 설치했다. 사각형의 초록색 대형 파라솔은 메마른 도심에서 남달리 눈에 띄었다. 햇볕도 피할 수 있지만 조형미도 아름다웠다.

따가운 봄볕을 피한 시민들이 사회관계망서비스(SNS)에 셀카 사진을 올리면서 어마어마하게 입소문이 났다. 만약 민간 기업에서 서리풀 원두막 같은 아이디어를 냈으면 엄청난 인센티브를 받았을 것이다. 다른 지자체에서 문의가 쇄도했고, 급기야 그늘막 원단 값이 다락같이 뛰었다는 웃지 못할 소식도 전해졌다. "아이랑 그늘막 아래서 잘 쉬었습니다. 정말 고맙습니다." "이렇게 햇볕을 피할 수도

무더위 속 보행자들을 위한 오아시스. 횡단보도 신호를 기다리는 동안 주민들이 '서리풀 원두막'에서 햇볕을 피해 대기하고 있다.

있네요." 시민들의 쏟아지는 감사 인사로 그해 여름은 전혀 덥지 않았다.

하지만 서리풀 원두막이 시작부터 순항이었던 것은 아니다. 처음 추진할 때 서울시는 법적 근거가 불분명하다며 반대했다. 그늘막을 도로 부속물로 볼 수 있을지 명확한 관련 규정이 없어 도로법상 적치물 위반이라는 것이다. 주민생활에 보탬이 된다고 검증이 됐는데 법 위반이라고? 주민들을 위한 시설물을 설치했다고 구청장을 잡아갈 건가 싶었다. 필요하다면 바꾸고 변화를 줄 수 있는 추진력이 필요했다. 과감히 추진한 결과 시민들의 폭발적인 호응을 얻을 수 있었다. 당시 서리풀 원두막을 같이 만들었던 동료들에게 너무 감사하다. 담당 과장은 서초구 최초 여성 국장으로 승진했고, 지금은 서초구의회 의원으로 맹활약하고 있다.

결국 서리풀 원두막을 지킨 것은 시민들이었다. 수많은 사람의 성원으로 서울시와 국토교통부가 협의했고 '전국 최초'로 고정식 그늘막으로 설치한 서리풀 원두막은 공익성과 안전성을 인정받았다.

서울시에서 '그늘막 쉼터 가이드라인'을 제정해 법적 기반을 마련했고, 2019년에 행정안전부에서 '폭염 대비 그늘막 설치·관리 지침'을 만들면서 서리풀 원두막을 전국 표준 모델로 선정했다. 전국의 자치단체와 공공기관에서 잇따라 벤치마킹했다. 도시의 거리마다 그늘이 생겼다. 지금도 곳곳에서 서리풀 원두막을 설치한다. 단지 숫자만 늘어난 것이 아니라, 꽃과 화분으로 단장하는 등 더 아름답게 발전하고 있다. 어르신들이 보행 신호를 기다리면서 잠깐 앉을 수 있는 의자도 갖췄다. 폭염에는 얼음 생수를 갖다 놓아 서리풀 원두막 아래서 갈증도 풀 수 있다.

하지만 11월에 들어서면 서리풀 원두막은 이듬해 봄까지 쓸모가 없어진다. 오히려 을씨년스럽고 거추장스럽기도 하다. 매년 설치했다가 철거하면 비용도 든다. 시민들의 생각을 묻기 위해 아이디어 공모전을 열었다.

공모전에서 '서리풀 트리'가 선택되었다. 초록색 그늘막을 우산 접듯 돌돌 말아둔 모습이 나무 같아서였을까? 커버를 씌우고 전구 줄을 감았더니 크리스마스트리가 따로 필요 없었다. 꼬마전구를 켜놓아 에너지 낭비라고 볼 필요도 없다. 겨울이면 일찌감치 어두워지는 우리나라에서 횡단보도 앞 서리풀 트리에서 반짝이는 전구는 춥고 어두운 거리를 비춰주는 따뜻한 위로다. 현실적으로 필요한 사안에 1℃ 감성을 더해 예술적 관점으로 풀어낸 결과다. 그늘막은 2019년 여름 전국에서 5,600여 개가 생겼다. 두 그루에서 시작한 그늘이 점점 자라나더니 마침내 전국을 덮어버린 것이다. 회색 도시를 녹색으로 물들인 작은 기적이라고 하겠다.

시민들을 행복하게 만든 정책은 보상받는다. 서리풀 원두막은 2017년 서울창의상 혁신시책부문 우수상, 서울시자치구 행정우수

사례 우수상, 2018년 대한민국 공공디자인 대상을 받았다. 여기에 더해 유럽 최고의 친환경상인 그린애플어워즈를 2017~2018년 연이어 수상했다.

기후변화 시대에 맞는 '녹색 도시 행정' 사례로 소개되어 세련되고 참신한 거리의 가구로 국제 사회에서 평가받은 것이다. 좀 멋쩍은 얘기지만 상을 받으면 기쁘다. 아카데미 상을 3번, 골든글로브상을 8번이나 받은 명배우 메릴 스트립도 상을 받을 때마다 매우 기쁘다고 했는데 나도 다를 바가 없었다. 다만, 메릴 스트립과 다른 점은 그가 허구를 최고로 표현해 상을 받은 것과 달리 나는 현실을 변화

동절기에는 서리풀 원두막이 어두운 거리를 밝히는 '서리풀 트리'로 화려하게 변신한다.

시켜서 상을 받았다는 점이다.

시민의 삶에 직접적인 영향을 주는 선한 결과에 대한 평가라서 더욱 기뻤다. 서초구가 멕시코시티 과우테목(Cuauhtemoc)과 우호도시 협약을 맺을 때도 서리풀 원두막은 단연 화제였다. 멕시코시티에서 서리풀 원두막을 만나도 깜짝 놀라지 마시길!

성공한 정책은 1℃의 남다른 디테일이 있다

•

① 겨울 지킴이, 서리풀 이글루와 온돌의자

서리풀 원두막의 대성공을 보며 나는 1℃의 힘을 느꼈다. 물은 100℃가 되어야 끓는다. 99℃에 1℃를 더해야 상태가 변한다. 1℃ 높고 낮고의 문제는 물이 끓느냐 마느냐를 결정한다. 1℃ 차이는 1℃ 디테일의 중요성을 웅변한다. 1℃의 디테일 차이가 이끌어낸 변화의 성공담은 서리풀 원두막 이래 서리풀 온돌의자와 이글루로 이어졌다.

한여름은 열대지방처럼 뜨겁고 습한 반면, 한겨울엔 시베리아만큼 차고 건조한 곳이 한국이다. 사계절의 변화가 워낙 크다 보니 집집마다 여름옷, 겨울옷, 여름 이불, 겨울 이불을 두고 산다. 행정에서도 계절 변화에 따른 서비스 수요는 말할 것도 없이 엄청나다. 자치 단체의 가장 기본적이고 반복적인 업무 중 하나는 계절 대책을 수립하고 시행하는 일이다. 폭염과 혹한으로부터 시민의 안전을 지키는 일은 기본 중의 기본이다.

서리풀 이글루와 온돌의자가 처음 설치된 날은 2016년 기록적인 더위가 지난 직후, 2017년 겨울이었다. 시베리아에서 내려오는 차고 건조한 공기는 서울의 겨울을 모스크바보다 춥게 만들었다. 칼바람이 몰아치는 거리에서 버스를 기다리는 분들, 한겨울에 여명도 터오기 전에 일자리로 나서는 분들을 위해 바람막이를 지었다.

겨울바람을 견딜 튼튼한 철제 구조물에 두툼한 비닐을 입히고 다정하고 재미있는 그림도 그려 넣었다. 온돌의자도 설치했다. 꼭 버스 승객만 이용하는 것은 아닌 듯했다. 걸어가다 너무 추워서 잠깐 몸을 녹였다는 분들이 고맙다는 문자를 보내왔다. 어르신들뿐 아니다. 아침 일찍 등교하는 학생들도 서리풀 이글루가 너무 좋다고 카톡을 보내왔다.

버스정류장은 머무는 장소가 아니라 오가는 장소라는 인식 때문인지 오랜 시간 큰 변화나 발전이 없었다. 하지만 생각해보면 버스정류장만큼 다양하고 많은 사람이 이용하는 장소가 또 있을까 싶다. 버스정류장은 시민들의 일상에서 자주 접하는 공간 중 하나다. 버스를 기다리는 장소 이상으로 어디론가 출발하고 떠나가는 사람들에

시민들이 '서리풀 이글루'에서 버스를 기다리며 잠시 몸을 따뜻하게 녹이고 있다.

추운 겨울 시민들이 버스를 기다리는 동안 따뜻한 '서리풀 온돌의자'에서 몸을 데우고 있다.

게 잠시라도 위로가 되는 공간을 만들면 근사한 선물이 될 것 같았다. '고단한 하루를 따뜻하게 녹여줄 버스정류장을 선물해보자.' 서리풀 이글루는 그렇게 세상에 나왔다.

성공한 정책은 1℃의 남다른 디테일이 있다. 당시 비닐 천막 형태의 바람막이가 일부 버스정류장에 설치되어 있었다. 하지만 천막이 고정되지 않아 궂은 날씨엔 비바람이 그대로 비껴들었다. 강풍에 약해 안전사고도 우려됐다. 여러 형태의 바람막이가 지닌 장단점을 꼼꼼히 분석하고 작은 부분 하나까지 보완해서 방한과 안전을 모두 해결한 것이 바로 '서리풀 이글루'다.

서리풀 이글루는 쉽게 설명하자면 사방을 막은 작은 비닐하우스다. 두터운 비닐로 집을 짓고 미닫이문을 달았다. 이런 디자인 덕분에 바람을 완전히 차단했고 내부에 온열기를 설치해 난방효과를 높였다. 내부는 외부보다 2~4도 높은 온도를 유지했다. 버스가 오는 것을 쉽게 확인할 수 있도록 투명한 비닐로 벽면을 만들고, 폭설과 강풍에 끄떡없도록 지붕과 기둥을 강화했다. 바람을 막아주는 이글루와 함께 버스정류장에 온돌의자도 설치했다.

버스승차대에 설치한 발열 기기는 한겨울에도 40℃의 온도를 유지하며 시민들의 놓치고 싶지 않은 '엉따'(엉덩이가 따끈따끈의 줄임말)가 된다. 외부 온도 센서와 자동 점멸 기능이 있어 기온이 떨어질 때만 작동해 전력 소모량도 적다. '여기 앉으면 복이 넝쿨째 팡팡' '여기

앉으면 무병장수' '다 잘될 거야! 넌 참 괜찮은 사람이니까' 등등 위로를 담은 메시지를 의자에 써 두었다. 이용하는 분들의 몸뿐만 아니라 마음까지 따뜻하게 하고 싶었다.

서리풀 이글루를 설치할 수 없는 정류장도 많았다. 보도 폭이 너무 좁은 곳도 있고, 간판을 가려 상권을 침해한다는 민원도 있었다. 그래서 승차대 일체형 디자인도 개발했다. 온돌의자를 함께 이용할 수 있고 좁은 공간에도 설치가 가능하다는 장점 덕에 서울시 표준 디자인으로 채택되기도 했다. 이렇게 하나하나 1℃의 디테일을 더해가며 완성도 높은 정책을 만든 덕에 시민들의 큰 사랑을 받았다. 서리풀 이글루와 온돌의자는 서리풀 원두막에 이어 2년 연속 유럽 최고 친환경상 '그린애플 어워즈'를 받았다.

1℃의 디테일로 시민들의 삶을 개선한 사례는 열 손가락으로 다 꼽기 어려울 만큼 많다. 커피컵 먹는 재활용 수거함 '서리풀 컵', 신호등 없는 작은 건널목을 확실하게 보여주는 '활주로형 횡단보도', 어둡고 지저분한 동네를 청년 감각으로 색칠한 '어번캔버스', '양재천 천천투어'가 대표적인 1℃ 디테일 성공 사례다. 나의 삶도 적잖이 바뀌었다. 바쁘게, 급하게만 살아가던 속도 중심의 삶에서 작지만 구체적인 결실을 하나하나 챙기며 매일 기쁨을 느꼈다.

② 광고판이 된 길거리 쓰레기통

답이 없으면 문제를 바꾸라는 말이 있다. 강남대로 쓰레기통 문제가 그랬다. "길 하나 사이로 쓰레기통이 있고 없고 차이가 납니다. 행정 구역이 다르기 때문인데요. 강남구청은 쓰레기통이 있어야 무단 투기를 줄일 수 있다고 보고요. 서초구청은 쓰레기통이 없어야 거리가 깨끗해진다고 보고 있습니다. 어느 쪽이 맞는 걸까요?" 언론에서 '강남대로 동·서 대전'이라는 자극적인 표현까지 쓰며 두 구청의 관점 차이를 부각했다.

양자택일의 프레임을 깨고 접근 방법을 달리했다. 강남대로의 무단 투기 쓰레기를 분석해보니 일반 쓰레기는 거의 없었다. 테이크아웃용 일회용 컵이 95%였다. 신논현역에서 강남역에 이르는 강남대로 일대는 한 집 건너 대형 카페가 있고 골목마다 자그만 카페들이 빼곡하다. 우리가 밥보다 더 많이 먹는다는 바로 그 커피, 커피 컵이 쓰레기의 대부분이었다.

그 사실을 알고 나니 전에 보이지 않던 것들이 보이기 시작했다. 지하철 입구에, 버스정류장에, 거리의 화분 위에, 어디든 바닥이 조금만 평평하면 일회용 종이컵, 플라스틱 테이크아웃 컵이 버려져 있었다. 한번은 강남대로에서 업무를 보고 돌아오는데, 누가 거리의 대형 화분 위에 플라스틱 컵을 두고 가는 것을 보았다.

"컵을 버릴 데가 없어요. 일부러 건물 화장실을 찾아갈 수도 없고,

컵 버리러 카페에 갈 수도 없고 저도 난처해요." 눈을 마주치자 그분이 먼저 입을 열었다. 재활용 쓰레기인 일회용 컵만 버릴 수 있는 쓰레기통이 필요했다. 기존 쓰레기통은 아무 쓰레기나 다 버릴 수 있는 디자인이라 시민들이 구분하기 어려울 것 같았다. 그냥 버리면 쓰레기지만, 재활용 쓰레기로 분리해서 버리면 자원으로 쓸 수 있는 일회용 컵. 일회용 컵을 어떻게 버리면 좋을까?

문제가 있으면 언제나 답이 있다. 현장에 나가면 1℃의 디테일 차이가 보인다. 일회용 컵을 즐겁게 버릴 수 있는 쓰레기통을 만들 수 있을까? 온통 바쁘게 걷는 사람들로 가득한 도심에 뭔가 재미있고 웃기는 일이 생기면 좋지 않을까? 디자인 팀과 이야기하다가 좋은 아이디어가 나왔다.

우리는 눈에 익은 유명 프랜차이즈 카페들의 종이컵 디자인을 원용한 쓰레기통을 설치하기로 했다. 일부러 광고라도 할 판인데, 반포대로, 강남대로에 자기 브랜드 일회용 컵이 대형으로 설치된다면 얼마나 좋은 기회일까! 여러 프랜차이즈 업체가 앞다투어 협찬 제작을 했다. 판매자가 쓰레기 처리에 책임을 지고 참여하는 셈이다. 일반 쓰레기통과 헷갈리지 않도록 쓰리기통 입구도 일회용 컵 크기에 맞게 만들었다.

아이스커피 모양의 수거함에는 플라스틱 컵을, 종이컵 모양의 수거함에는 종이컵을 버릴 수 있도록 안내했다. 굳이 말로 설명하지 않아도 쉽고 재미있게 버릴 수 있는 이 종이컵 쓰레기통은 단번에 유명해졌다. 최근 버스에 음료수 컵을 들고 탈 수 없게 되면서 버스 정류장 앞에 버려지는 일회용 컵이 많이 늘었다. 서리풀 컵 쓰레기통은 재미와 효과를 동시에 잡았다. 실제로 반포대로 인근의 시민들 520여 명에게 설문조사를 했더니 쓰레기가 줄었다는 답이 64%로 나왔다.

'길거리 쓰레기통'을 없앤 기존 정책은 유지하되 쓰레기통 없는 거리의 위생 문제까지 함께 해결할 수 있었던 것은 1℃ 디테일의 힘 이다. 서리풀 컵으로 대통령상도 받고 재정개혁 우수상도 받았다.

'서리풀 컵'은 강남대로에 버려지는 쓰레기 중 절대다수를 차지하는 일회용 커피컵 문제를 해결하기 위해 만들었다. 서리풀 컵은 제6회 대한민국 지식대상 최우수상(국무총리상) 등 많은 상을 받았다.

쓰레기통이 아니라 일회용 커피 컵 재활용 수거함을 만들었다. 세련된 디자인의 대형 테이크아웃 컵이 강남대로를 오가는 사람들의 눈길을 붙잡았다. "커피 컵 삼키는 커피 컵." 플라스틱 제로(Zero) 바람을 타고 일회용 컵 재활용 수거함으로 탄생한 서리풀 컵은 환경부의 표준으로 선택되어 전국으로 확산 중이다.

③ 활주로가 된 횡단보도

활주로형 횡단보도라 하면 많은 사람이 "그게 뭐야?"라고 묻는다. 공항에 안 가본 분들도 영화 같은 데서 많이 보셨을 텐데, 비행기가 이착륙하기 위한 활주로에는 유도등이 설치되어 있다. 안개가 짙은 날이나 깜깜한 밤에도 활주로 유도등은 육중한 비행기가 안전하게 뜨고 내리도록 안내하는 역할을 한다. 활주로형 횡단보도는 바로 그렇게 유도등을 바닥에 설치해 자동차나 사람이 쉽게 횡단보도를 인식하도록 돕는 장치다.

2017년 11월, 시민들이 참여한 '만인원탁토론회'에서 처음 아이디어가 나왔다. 횡단보도를 따라 유도등이 켜지면 운전자들은 이를 정지선으로 인식하고, 보행자들은 그 안으로 길을 건널 것이라는 생각에서 출발해 점점 발전했다.

위성항법시스템(GPS)을 이용해 계절별로 해 뜨고 지는 시간에 맞춰 자동으로 점등 시간을 제어하고, 날이 어두워지거나 안개, 비, 미

'활주로형 횡단보도'는 어두운 야간에 교통사고를 방지하는 역할을 한다. 미세먼지, 안개, 우천 등 기상 변화로 가시거리가 짧아졌을 때도 유용하다.

세먼지 등 기상 변화에 반응하는 기능을 추가했다. 처음 아이디어가 나오고 5개월 만에 강남대로에 첫 LED 유도등이 밝게 켜지던 날, 길을 건너던 사람들이 신기해했다.

그런데 예상치 못한 곳에서 암초를 만났다. 언론에서 대대적으로 보도하자 경찰청이 뒤집어진 것이다. 알고 보니 경찰청도 횡단보도 유도등 설치를 검토하고 있었다고 한다. 그러던 차에 서초구에서 먼저 실행한 것이다. 경찰에서는 사업 중단을 요구했다. 하지만 나는 포기할 수 없었다.

서리풀 원두막을 설치했을 때도 근거가 없다고 해서 힘들었지만 결국 전국의 거리 그늘막 표준이 되었던 것처럼, 횡단보도 유도등도 교통사고 예방이라는 실질적 효과를 거두리라 확신했기 때문이다. 경찰을 설득했다. 경찰청과 서울지방경찰청, 도로교통공단 등 관계 기관을 설득하고 다같이 시범사업에 동참하기로 협의했다.

2019년까지 서초에 모두 96개의 활주로형 횡단보도를 설치했고, 지난 2년간 이곳에서 단 1건의 교통사고가 발생했다. 이런 효과와 협의를 바탕으로 2020년 3월 경찰청의 '교통 노면 표시 설치 관리 매뉴얼'에 서초구의 활주로형 횡단보도가 표준 모델로 공식 채택되었다. '활주로형 횡단보도'라는 이름은 뜨거운 토론 끝에 결정되었다. 현재 서울 성동구와 금천구, 대전 서구, 경북 안동시에서도 똑같은 이름의 횡단보도를 만들어 사용하고 있다.

④ 동네 관리 사무소 '반딧불센터'

서초구청장이라고 인사 드리면 "서울에서 제일 부자 동네에서 일하셔서 편하시겠어요?"란 말씀을 가끔 듣는다. 심지어 서울시 25개 자치구 구청장 모임에서도 그런 말씀이 나오기도 한다. "거기야 다 아파트인데, 무슨 걱정이 있어요?" 하지만 현실은 사뭇 다르다.

서초구의 거주 형태(2019년 기준) 중 아파트가 58.68%, 단독주택·연립(다세대)주택·다가구주택 비율이 41.32%다. 통계청이 2019년 발표한 자료에 따르면 전국 주택 유형별 비율은 전국에서 아파트 거주비율이 50.1%, 단독·연립·다가구주택은 43.7%이다. 이는 수도권 거주 비율과 크게 다르지 않은 수준이다. 나만 해도 다세대 주택(빌라)에 살고 있다.

아파트 단지가 아닌 일반 주택가에 살아본 사람들은 누구나 공감할 것이다. 아파트에서는 물이 잘 안 나온다든지, 난방이 잘 안 된다든지 하는 생활 불편이 생기면, 관리사무실에 전화 한 통이면 뚝딱 해결된다. 주차나 쓰레기 처리 문제도 마찬가지다. 하지만 일반 주택가에서는 요즘 말로 '헬'인 상황이 종종 일어난다. 게다가 1인가구와 맞벌이 부부가 많은 요즘, 집 안팎의 잔 고장이나 택배 수령 등 생활 속 난제는 이루 말할 수 없다.

아파트야 커뮤니티 공간도 있고 보안 설비가 잘된 택배 보관소도 있다. 민간 건설사의 서비스 개발 덕분에 아파트가 점점 살기 편한 곳으로 발전하는 동안 일반 주택가의 풍경은 많이 달라지지 않았다. 주민 간 왕래가 드물어지면서 공동체성은 희미해지고 생활 편의성은 오히려 뒷걸음치고 있는 게 현실이다.

단독 주택에 사는 분들은 아직도 택배를 어디에 두어야 할지 걱정하고, 소소하게 수리할 일이 생기면 어떻게 해결해야 할지 고심한다. 일반 주택가에 살고 있는 나도 똑같은 어려움을 겪는다. 게다가 나도 맞벌이 가정의 일원이다. 낮에 사람을 부를 수도 없다.

'전기가 나갔어요! 보일러가 안 돌아가요! 하수도가 막힌 것 같아요! 낮에 오는 택배 좀 받아주세요! 공구 좀 빌려주세요! 낯선 사람들이 보여요, 순찰 좀 돌아주세요! 우리 아이 키우는 데 지혜를 나눠주세요!' 이런 생활 민원이 많다. 이 문제를 어떻게 해결할까? 동네 사람들의 요청을 받아 해결해주는 곳을 만들면 되지 않을까? 한두 번 이곳에서 문제를 해결하면 가끔은 그냥 들러 쉬었다 가는 일도 있을 것이다.

서울 시민 42%가 사는 일반 주택가에 생활의 오아시스가 샘솟으면 좋겠다는 생각에 전국 최초로 '일반 주택 지역 관리사무소'를 만들었다. 누구나 쉽게 기억하고 찾아올 수 있도록 이름도 지었다. '반딧불센터'다. 어두운 곳에서 희미하지만 분명하게 빛을 내는 반딧불이처럼 막막한 생활 속에서 한 줄기 빛을 던지는 곳을 만들고자 했다.

반딧불센터는 2015년 방배3동에 문을 열어, 동네 분들에게 커뮤니티 공간을 제공한다. 마을의 공동 문제를 토론할 소통 공간으로 인기가 좋다. 무인택배함을 설치해 연중무휴로 택배를 받아준다. 요즘 가장 인기 있는 서비스는 '공구은행'이다. 집집마다 갖춰 놓기 어려운 크고 작은 공구를 빌려준다. 공동육아 공간도 제공한다. 이곳에서 부모님들은 다른 부모님들과 육아 정보를 공유하고, 어린이들은 친구들과 자유롭게 놀 수 있다.

동네 관리사무소 '반딧불센터'는 현재 양재반딧불센터, 방배반딧

반딧불센터는 공동육아 공간 역할도 수행한다. 주민들은 이곳에서 육아 정보를 공유하고 자녀들을 함께 돌본다.

반딧불센터에서는 주택가 밀집 지역에 위치해 야간에 순찰도 병행한다.

불센터, 반포반딧불센터, 양재1동반딧불센터, 방배1동반딧불센터, 전원마을반딧불센터, 방배2동반딧불센터, 방배4동반딧불센터, 서초1동반딧불센터, 서초3동반딧불센터 등 10개로 늘었다. 1인가구 청년들과 여성들이 제일 좋아했다. 택배를 수령하는 일이 제일 힘들었는데, 그 문제가 해결되었다고 감사 문자가 빗발쳤다. 한 살배기 아이를 데리고 독박육아를 하던 한 여성은 매일 반딧불센터에 출근한다면서 다른 엄마들을 만나고 이런저런 이야기를 나누면서 육아 우울증을 극복했다고 문자를 보내오기도 했다.

그게 뭐 별거냐 싶기도 할 것이다. 그저 택배 보관소 하나가 생겼구나, 동네 사랑방 하나 생겼구나, 할 수도 있다. 하지만 나는 반딧불센터가 콜럼버스의 달걀 같다고 생각한다. 달걀을 세우는 게 어렵다고 모두 말할 때, 콜럼버스는 뾰족한 쪽을 깨뜨려 계란을 곧추세웠다. 에이, 누가 그걸 못해? 했지만, 실제로 그렇게 한 사람이 콜럼버스였던 것처럼, 서초구청에서는 동네 관리사무소를 만들었다. 그런 소소한 변화가 편리한 일상을 만들고, 일상의 조그만 불편을 해소하는 서비스가 사람들을 행복하게 한다.

감사하게도 반딧불센터는 전국적으로 많은 사랑을 받으며 퍼져 나갔다. 서울에서만 보아도 강남구, 성동구로 확대했고, 경기도 하남시와 인천광역시, 세종특별시, 대구광역시에서도 현장을 보고 갔다. 반딧불센터는 국가브랜드대상, 지방자치 행정대상, 행정자치부 장관상을 받았다. 상을 받아 기쁘기도 했지만, 시민들의 생활 불편에 주목해 서비스를 제공했다는 점에서 더욱 기뻤다.

반딧불센터는 계속해서 늘어나고 있다. 공동 커뮤니티 공간을 제공할 뿐 아니라 야간 순찰, 공동 경비, 무인택배보관 서비스로 시작했지만 시민들의 제안으로 서비스 내용이 더욱 다양해졌다. 아파트에서는 흔히 겪기 어려운 일이지만, 일반 주택에서는 수도가 얼어 터지는 일이 많다. 수리비가 부담스럽다는 호소로 스팀 해빙기, 열풍기 등 계절 특화 한파 공구를 들여 놓았다. 얼마나 유용했는지 모른다.

센터에서 가장 인기 좋은 곳은 공동육아 공간이다. 육아로 지친 엄마들은 이곳에서 서로 위로와 격려를 나누면서 해방의 즐거움을 누리고 대개 외동으로 자라는 아이들에게는 형제자매 같은 친구들을 만나는 놀이터 노릇도 톡톡히 해내고 있다. 놀라운 점은 구청에서 제시한 형태 그대로 운영되는 것이 아니라 이용하는 시민들의 톡톡 튀는 아이디어에 따라 이용 범위가 점점 더 넓어졌다는 점이다.

한 센터에서 엄마들의 재능기부로 어린이 구연동화 활동이 생겼고, 또 다른 센터에서는 동네 어르신들의 생신 파티를 열었다. 방배동 반딧불센터에서는 육아 용품 물물교환 시장이 펼쳐지기도 했다. 단독 주택이 많은 동네는 사실 생활환경이 만만치 않다. 단독 한 채에 여러 가구가 살면서 사실상 다가구 주택처럼 변했고, 주차나 공유 공간이 빡빡해 거주민들 간에 갈등이 일어나기 쉽다. 그런데 이런 지역에 반딧불센터가 생기니까 피부로 느껴질 정도로 분위기가 둥글둥글해졌다는 게 이곳에 사는 분들 이야기다. 생활의 편리함을 제공해주는 단순한 도움의 기능을 넘어, 우리 동네라는 공동체 분위기를 살리는 역할을 한 것이다.

⑤ 누이 좋고 매부 좋은 '북페이백' 서비스

머피의 법칙은 도서관을 이용할 때도 작용한다. 내가 찾는 책은 늘 대출 중이다. 실망과 짜증을 감추고 대출 예약을 하려면 이미 예약 대기자가 줄줄이다. 바로 얼마 전에도 그런 일이 있었다. 한국 현대시를 전공한 왕년의 국문학도인 나는 백석 시인을 주인공으로 한 신작 소설을 대출하려 했다. 서초의 모든 도서관에서 대출 중이었다. "나까지 찾는 걸 보면 얼마나 인기 있는 책이겠어?" 하고 스스로를 달랬다.

빌리고 싶은 인기 있는 책이 늘 '대출 중'인 문제는 도서관 민원 중 1등이다. 베스트셀러라도 한 권 빌리려면 최소 서너 달은 기다려야 한다. 원하는 책을 속 시원히 빌릴 수 없다면 그 많은 도서관이 무슨 소용일까. 1권역 1도서관 건립이라는 하드웨어의 밑그림은 완성되었지만, 원하는 책을 최대한 원하는 시간에 편리하게 볼 수 있는 소프트웨어 보완이 필요했다.

어떻게 해야 도서관에서 원하는 때에 원하는 책을 빌릴 수 있을까? 생각을 한번 바꿔보자. 수년 전 양재도서관 건립을 추진하면서 많은 사람과 함께 도서관과 관련된 고민을 나누었다. 특히 양재도서관에는 직접 책을 구입할 수 있는 북카페 라이브러리샵(#)이 들어올 예정이었던 만큼 도서 구매와 환불 관련 운영 방향에 대해서도 논의했다. 이중에는 책을 구매 후 다 읽고 환불하러 오는 등 미처 생각하지 못했던 난감한 상황들에 대한 한탄도 나왔다.

해결 방안을 모색하다 보니 '북페이백' 서비스라는 새로운 정책을 만들었다. 도서관에 꼭 '새 책'을 들여놔야 하는 것은 아니다. "왜 도서관 장서는 꼭 도서관에서 직접 구입해야 하나? 도서관에서 모든 걸 다 구매해야 한다는 고정관념에서 벗어나 이용자가 직접 장서를 구입하면 어떨까?" 이런 이야기가 나왔다.

북페이백 서비스는 도서관 이용자가 자기가 읽고 싶은 책을 근처 동네 서점에서 구입해서 읽고, 3주 이내에 다시 서점으로 반납하면 100% 환불해주는 서비스다. 그런 얌체가 어디 있느냐고? 책값을 100% 돌려주면 출판사나 서점은 뭐가 남느냐고? 책이 남는다.

여기에 도서관이 개입한다. 시민들이 서점에 반납한 책을 구청에서 다시 사서 구립도서관에 납품한다. 북페이백 서비스 이용자는 원하는 순간에 원하는 책을, 그것도 새 책으로 읽어서 좋고, 서점은 매출이 생겨서 좋다. 시민들이 원하는 트렌디한 책이 도서관에 새롭게

서초구 도서관에서 빌리고 싶은 책이 대출 중이어도 해결 방법이 있다. '북페이백 서비스'를 이용하면 된다.

입고되면서, 다른 시민들도 그 책을 빌릴 수 있게 된다. 도서관 사서를 대신해서 시민들이 직접 도서관 소장용 책을 사는 셈이다.

게다가 북페이백 서비스는 지역 내 소형 서점, 이를테면 동네 서점에서만 이용할 수 있어, 동네 작은 서점 살리기 효과도 있다. 실제로 동네 작은 서점들은 시내의 대형 서점뿐 아니라 인터넷 서점과 경쟁 속에서 살아남기가 참 어렵다. 동네 서점은 20년 전보다 절반쯤 줄었는데 이대로 사라지도록 두어서는 안 될 일이다. 오프라인 서점의 좋은 점은 원래 사려던 책뿐 아니라 생각지 않았던 다른 책도 둘러볼 수 있다는 점이다. 시민들은 북페이백 서비스 이용을 위해 동네 서점을 한 번이라도 더 찾게 된다. 이용자나 동네 서점이 상생할 수 있는 제도인 것이다.

처음에는 서점 대표님을 설득하는 일이 쉽지 않았지만, 현재는 서점에서 자체적으로 북페이백 베스트셀러 코너를 새로 만들 정도로 호응이 좋다. 무제한으로 북페이백을 이용할 수 있는 것은 아니다. 한 사람이 한 달에 최대 3권까지 이용할 수 있다.

북페이백 제도가 시행된 뒤 서울시 인터넷 뉴스 '서울 소식'의 시민기자 한 분이 자신이 사는 지역에서도 시행되기를 간절히 바란다는 기사를 썼다. 그분은 자녀가 독후감 숙제를 위해 5권을 도서관에서 대출해달라고 부탁했는데 목록에 든 책 중 4권이 대출 중이어서 나머지 4권을 급히 사야 했다는 경험을 쓴 뒤 "서초구의 북페이백 서비스를 들었을 때 환호성을 질렀다"며 기대를 표했다.

반대로 북페이백 서비스로 '도서관에 양질의 도서가 아닌 특정 소수에게만 반짝 인기 있는 책만 쌓이는 것은 아니냐' '전문 사서들이 구매하는 도서 예산이 줄어드는 것은 아니냐'는 우려의 목소리도 나왔다. 사서분들이 전문성을 바탕으로 분야별로 큐레이팅한 책들이 줄면 도서관의 의미가 퇴색될 수도 있다는 것이다.

북페이백 서비스를 다시 한 번 점검해보았다. 북페이백 서비스 시행 후 대출 현황과 예산 비중에 대해서 전수 점검을 해보았다. 우선 지난 1년간 북페이백 서비스를 통한 도서대출 횟수는 사서가 큐레이선한 책보다 약 3배 이상 대출 횟수가 높았다. 관내 도서관에 비치돼 있던 정기도서 전체 27만 권 중 시민들이 한 번도 빌리지 않은 책은 약 4만 7,000여 권(17.4%)에 이른다. 또한 확인 결과, 사서가 구입하는 정기도서 예산이 다른 구와 크게 차이나지 않았다. 서초구는 도서관 운영에 각별한 관심을 기울이는 만큼, 도서 구입비로 쓰는 예산이 25개 자치구 중 1위이다. 그중 북페이백 서비스에 활용된

2019년 6월 시작된 '서초 북페이백' 서비스는 구민들이 집 근처 서점에서 원하는 책을 구한 뒤 도서관에 반납하면 도서 구입비를 환불받을 수 있는 제도다. 동네서점도 활성화돼 1석2조의 효과를 보이고 있다.

예산은 1억 5,500만 원이고, 사서분들이 구입하는 정기도서 비용은 약 3억 6,866만 원이다. 이는 웬만한 다른 자치구의 정기도서 구입 비용보다 높은 금액이다.

물론 수치로만 비교할 수 없는 부분도 있고, 사서가 전문적으로 큐레이션한 책이 지닌 의미도 외면할 수 없는 만큼 책을 조화롭게 구성해야 할 것이다. 이에 특정 키워드에 대해서는 신청을 제외토록 하여 북페이백 신청 도서의 오·남용을 방지하고 자정작용이 이루어질 수 있도록 보완했다. 이와 같은 비판은 늘 정책을 다시 점검하고 더욱 단단하게 만들어주는 토양이 된다.

요즘 전자책을 많이 본다고 하지만, 종이책의 매력은 그리 쉽게 사라지진 않을 것이다. 표지 디자인, 활자와 행간, 여백이 책을 읽는 즐거움을 배가시킨다. 그래서 나는 종종 서점에 간다. 진열된 책을 들춰 보고 열어 보면 책의 온기가 느껴진다. 다른 분들도 그런 모양인지, 북페이백 서비스를 이용하려고 처음으로 아이와 동네 서점에 방문했다는 아빠의 사연, 소설 책을 사러 갔다가 다른 책 서너 권도 집어왔다는 젊은 부부의 사연, 다 읽고 나니 소장하고 싶어져서 페이백을 받지 않았다는 사연까지, 북페이백 서비스와 관련해 문자와 이메일로 많은 소식을 들었다.

최근에는 코로나19 사태로 도서관 이용이 어려워지면서 북페이백 서비스 이용 실적이 몇 배로 늘었다. 이 사업은 2020년 3월 특허 등록까지 마쳤다. 전국 최초로 시작한 사업이라는 사실을 공식적으로 인정받았다. 전국적인 확대를 위한 논의도 이루어졌으며, 울산시에서도 이 사업을 시작한다니 반가운 일이다.

⑥ 도서관 시티 서초

20세기 위대한 작가 보르헤스는 "천국은 도서관의 모습을 하고 있을 것"이라고 말했다. 젊어서 도서관 사서로 일했던 보르헤스는 시력을 잃은 뒤 아르헨티나 국립도서관장을 지냈다. 노벨문학상을 받은 보르헤스의 대표작 《바벨의 도서관》은 도서관을 하나의 우주이자 인간 세상의 법이 형상화된 곳으로 그려나간다.

나는 우리가 어디에 살든지 버스로 10분 안에 가닿을 수 있는 공공 도서관을 만들고 싶었다. 그것도 천편일률적인 도서관이 아니라, 제각각 특색을 지닌 새로운 도서관이라야 했다. 도서관은 주민들에게 매우 중요한 공간이다. 단순히 책을 보고 빌리는 기능뿐만 아니라 소통, 교육, 모임 활동 등 동네 사랑방 역할을 한다.

구청장으로 처음 취임했을 때 서초구에는 구립도서관이 단 한 곳뿐이었다. 나는 주민들이 도서관을 동네 사랑방으로 이용할 수 있도록 '우리 동네 1권역 1도서관 프로젝트'를 시작했다. 막상 시작해보니 제일 큰 어려움은 도서관 부지 선정과 건축비였다. 이미 개발이 완료된 도심 지역이라 땅값이 비쌌다. 주민들 눈높이에 맞춘 고품질

도서관을 지으려면 공사 비용도 커질 것이고 콘텐츠를 갖추는 일도 큰 과제였다.

도서관 프로젝트 중 가장 뿌듯한 곳은 2019년 11월 개관한 양재도서관이다. 양재도서관은 비용과 콘텐츠라는 두 가지 과제를 멋지게 해결했다. 비용 면에서 보자면 서울시 부지를 활용했고 설계와 외관 공사를 민간 기업의 지역사회 공헌 사업으로 유치해 건립 비용을 획기적으로 절감했다. 공사 기간도 정확히 1년 반을 지켜서 제 날짜에 완공했다. 서울시 부지를 서초구 소유의 다른 부지와 교환해 부지매입비 약 150억 원을 절감했고, ㈜KCC의 지역사회 공헌 사업으로 공사비 40억 원을 절감했다.

콘텐츠 면에서는 기존의 '조용한' 도서관을 넘어 이용자 특성에 맞춘 다양한 도서관 서비스를 실현했다. 엄마가 아이에게 책을 소리 내어 읽어줄 수 있는 공간을 만들었고, 1인 독서실 '나만의 서재', 엄마들을 위한 '엄마의 독서룸', 청소년들의 자유로운 상상 충전소 '틴즈 플레이스' 등 모두 다른 도서관에 없는 특별한 공간이다. 특히 '나만의 서재'와 '엄마의 독서룸'은 홈페이지에서 예약이 몇 주씩 밀려 있을 정도로 인기가 좋다. 이렇게 양재도서관은 책 읽는 공간만이 아닌 가족과 친구들이 소통하며 치유하는 복합문화공간으로 사랑받고 있다.

우리나라 최초의 마을 결합형 도서관인 내곡도서관과 서울시

181개 공공도서관 중 유일한 그림책 도서관인 서초그림책도서관도 서초의 도서관 프로젝트를 통해 맺은 귀한 열매다. 내곡도서관은 새로 개교한 내곡중학교 안에 둥지를 틀었다. 부지 매입 비용을 줄였을 뿐 아니라, 학생과 주민이 하나의 교육 공동체 속에서 콘텐츠를 적극 활용한다는 새로운 콘셉트를 실현했다. 내곡동 주민들은 내 집 앞 가까운 곳에서 책을 빌릴 수 있어서 좋고, 내곡중학교 학생들은 많은 책을 소장하고 있는 내곡도서관을 학교 열람실로 이용할 수 있어서 좋다고 모두 만족해한다. 지역 주민 36명으로 구성된 주민협력파트를 만들어 주민들이 자율적으로 도서관 운영에 참여한다.

서초동 대법원 건너편에 문을 연 서초그림책도서관은 아이들과 온 가족이 그림책을 보며 떠들 수 있는 공간 콘셉트로 만들었다. 국내외 작가들의 그림책 1만 4,000여 권을 소장하고 있을 뿐 아니라 엄마들이 그림책을 보며 '좋은 엄마, 나쁜 엄마' 표상을 생각하고 자신의 양육 태도를 생각해볼 수 있는 프로그램과 어린이들이 그림책을 보고 종이 접기, 찰흙 놀이와 연결하는 프로그램도 운영한다. 개관한 지 일주일 만에 3,000명이 다녀가는 기록을 세운 이곳은 지금도 최고로 인기 있는 도서관 중 하나다.

2020년 11월에는 최첨단 어린이·청소년 특화 도서관 '서초청소년도서관'을 개관했다. 서초구의 8번째 구립공공도서관으로, 미래 산업구조 변화에 발맞춰 아이들과 청소년들이 꿈과 끼를 키울 수 있

서초그림책도서관은 아이들과 온 가족이 그림책을 보며 떠들 수 있는 콘셉트로 만들었다.

는 도서관을 조성하고자 했다.

서초청소년도서관 1층에 들어서면 입구부터 '신나게' 꾸며졌다. 아이들의 독서 흥미를 길러주기 위한 '디지털 아쿠아리움'과 증강현실(이하 AR) 콘텐츠를 활용한 대형 미디어월이 있으며, 특히 화면 속에서 가상의 물고기가 헤엄치는 '디지털 아쿠아리움'은 회원카드를 인식하면 내가 읽은 책만큼 자라는 나만의 물고기를 키울 수도 있다. 특히 혼자 하는 독서뿐만 아니라, 놀이와 독서, 커뮤니케이션을 통해 독서를 더욱 재미있게 접할 수 있는 공간 마련에도 힘썼다. 한편에 마련된 '맘마책방'은 영유아와 함께 온 엄마들을 위한 공간으로 폭신한 소파에 앉아 수유와 휴식을 취할 수 있도록 꾸몄다.

특히 서초청소년도서관에서 만날 수 있는 '스마트메이커팩토리' 공간은 말 그대로 3D프린터 등 최첨단 장비를 통해 청소년들의 톡톡 튀는 아이디어를 멋진 작품으로 만들어볼 수 있는 공간이다. 또한 아이들의 생각을 더 단단하게 만들어줄 수 있는 미래지향적 교육 프로그램들도 운영할 계획이다.

도서관시티 서초의 계획은 여기서 끝이 아니다. 내년에는 '숲'을 테마로 하여 녹지공간과 어우러진 방배숲도서관을 조성할 예정이다. 방배숲도서관까지 개관하면 서초구의 모든 권역에 구립 공공도서관이 갖춰지게 된다.

어린 시절 도서관에서 접한 꿈은 인생에서 중요한 터닝포인트가 될 수 있다. 빌게이츠도 어린 시절 다녔던 동네 도서관이 자신의 인생에서 정말 큰 역할을 했다고 한다. 누군가의 꿈을 만드는 문화예술공간은, 더욱 밝은 미래로 나아가기 위한 모두의 자산이다. 서초에서 제2의 빌게이츠, 스티브잡스가 나오지 못할 이유가 있을까. 도서관은 꿈을 키워준다. 그리고 꿈은 곧 미래다.

⑦ **서울의 명물, 서리풀 푸드트럭**

강남역 10번 출구 쪽에 푸드트럭존이 있다. TV 프로그램 〈백종원의 푸드트럭〉에 나왔던 핫도그 아저씨를 만날 수 있고, 불고기 샌

드위치도 맛볼 수 있다. 강남대로에 불법 노점상이 사라지고 대신 들어선 푸드트럭존은 서울의 명물이자 관광 코스로 자리 잡았다. 단골 손님도 많고, 푸드트럭을 발판으로 직영점까지 오픈한 사장님도 계신다. 불법 노점이 사라진 장소에는 벤치와 화단처럼 보행자를 위한 시설물이 들어서서, 안전하고 깨끗한 거리를 선보였다.

몇십 년간 강남대로를 점령해왔던 불법 노점상 문제는 생존의 문제와 직결되었을 뿐 아니라 전국 단위의 연합 조직을 배후에 두고 있는 노점상들은 강제로 철거해도 며칠 후면 그대로 살아나는 게 큰 문제였다. 새로운 해법이 필요했다. 합법적인 푸드트럭으로 업종을 전환시키는 방안을 검토했다.

2014년 푸드트럭이 합법화되면서 소규모 창업 이슈로 주목받았지만 영업 장소가 한정적인 데다 허가받은 위치 외에 다른 곳으로 이동할 수 없는 치명적인 한계 때문에 반응이 소극적이었다. 그래도 방법은 그것밖에 없다는 생각에 불법 노점 상인들과 끝장토론을 했다.

비상 태스크포스(TF) 팀을 꾸리고 밤낮으로 노점상 하나하나를 직접 찾아다니며 면담하고, 실태조사에 나섰다. 비공식적인 것까지 합치면 100차례를 훌쩍 넘는다. 20년 넘게 세금 없이 장사해오던 상인들에게 "푸드트럭으로 바꾸고 도로 점용료를 내면서 영업하시라"는 말은 달갑지 않았을 것이다. 하나를 얻으려면 하나를 내줘야

강남역 10번 출구까지 들어서 있던 노점상들이 세련된 '푸드트럭'으로 화려하게 변신했다.

서초구는 노점상거리를 푸드트럭존으로 탈바꿈한 후, 푸드트럭 운영자들에게 실질적인 도움을 주기 위해 유명한 셰프를 초청해 맞춤형 요리 시연회를 열었다.

한다. 푸드트럭 운영자의 입장에서 보면 불법 노점 시절보다 낫다는 비전을 보여줘야만 했다. "푸드트럭이 자리 잡을 때까지 조은희가 책임지고 애프터서비스(AS)를 하겠다"고 약속했다. 그렇게 해서 총 43개 노점상 중 38개가 푸드트럭 허가 신청을 마쳤다.

어렵게 푸드트럭으로 전환했지만 소프트웨어가 문제였다. 떡볶이 같은 분식 위주의 메뉴가 주를 이루는 푸드트럭존은 경쟁력이 없었다. 초보 사장님들을 위한 애프터서비스가 시급했다. 대중에게 인기가 높고 온갖 아이디어가 넘치는 백종원 더본코리아 대표가 서초구에 산다는 정보를 입수했다.

거절당하더라도 연락은 해보자는 마음으로 섭외했는데 흔쾌히 허락받았다. 강남대로 푸드트럭을 어떻게, 왜 조성하게 된 것인지 그 취지와 과정을 듣고는 도와야겠다는 마음이 들었다고 했다. 백 대표의 푸드트럭 노하우가 담긴 특급 강연을 들으려는 사람들이 서초구청 강당을 가득 채웠다.

백 대표는 방송국과 손잡고 재능기부를 하면 어떻겠냐고 제안했다. 그렇게 해서 〈백종원의 푸드트럭〉 첫 회에 강남대로 푸드트럭존이 주인공으로 등장했다. '초짜' 푸드트럭 사장님들의 고군분투에 백 대표의 애정 어린 쓴소리가 더해져 눈물겨운 성공담이 탄생했다. 좀 더 맛있는 샌드위치, 좀 더 매력적인 핫도그를 만들며 성장하는 스토리를 보며 나도 가슴이 찡했다.

서리풀 푸드트럭은 지역 내 푸드트럭존을 자유롭게 오가며 영업하는 새로운 방식이다. 유동 인구와 출퇴근 시간대 등 수익성에 영향을 미치는 요소들을 고려해 강남역, 양재역 등 9곳에 푸드트럭존을 운영하기로 했다.

청년과 기초생활보장수급자 등을 대상으로 창업자를 모집하면서, 일자리 창출이란 목표도 충족했다. 상생을 넘어 성공의 아이콘으로 주목받는 서리풀 푸드트럭은 서리풀 페스티벌 등 서초구 내 각종 행사와 축제 곳곳에서도 만나볼 수 있다. 어디에서든 서리풀 인증마크가 찍혀 있는 푸드트럭을 만난다면 꼭 한번 맛보시기 바란다.

서버먼트를 꿈꾸다

⌂* 함께 가야 멀리 간다

'나무 그늘' 되어주기

•

시인 정호승의 '내가 사랑하는 사람'이라는 시가 있다. "나는 그늘이 없는 사람을 사랑하지 않는다. 나는 그늘을 사랑하지 않는 사람을 사랑하지 않는다"로 시작되는 시이다. 도심의 그늘막인 '서리풀 원두막'을 만들 때 속으로 많이 읊었던 나의 애송시이다. 시에서는 "나는 한 그루 나무의 그늘이 된 사람을 사랑한다" "나무 그늘에 앉아 다른 사람의 눈물을 닦아주는 사람의 모습은 그 얼마나 고요한 아름다움인가"라고 노래한다.

행정이란 이렇게 사람들의 눈물을 닦아주는 일이고, 리더란 한 그루 나무의 그늘이 되어 다른 사람을 섬기는 사람이라고 생각한다. 특히 공직은 군림하는 자리가 아니라 섬김의 자리이다. 공무원을 가리켜 '시빌 서번트'(Civil Servant)라 하고, 만인의 심부름꾼인 '공복'(公僕)이라 한 이유도 거기에 있을 것이다. 그래서 나는 서초구청

동료들에게 '서버먼트'를 실천하자고 말한다. "크고자 하거든 남을 섬기고, 으뜸이 되고자 하면 종이 되라"는 말에서 '서번트(Servant·섬김) 리더십'이라는 말이 나왔다. 서버먼트는 서번트 정신에 가버먼트(Government·행정)을 합친 내 나름의 조어다. 나는 서버먼트 사회를 꿈꾼다.

서초구청장으로 임기를 시작하는 자리에서 엄마 리더십을 선언했다. "앞으로 여러분과 함께 따뜻하고, 깨끗하고, 원칙 있는 구정을 펼쳐나갈 것입니다. 한마디로 엄마 마음 행정이라고 할까요? 엄마는 가족이 말하지 않아도 알아서 척척 챙깁니다. 그리고 가족 간에 소통을 이루고 화합을 이룹니다. 그러면서도 중심을 잃지 않고 원칙을 지킵니다." '엄마 마음 행정'이라는 말에 잔잔한 박수가 터져 나왔다.

나는 엄마 마음을 말할 때 앙겔라 메르켈 독일 총리의 무티 리더십을 생각했다. 작은 것 하나 놓치지 않는 섬세함과 뚝심 있게 밀어붙이는 담대함, 나를 '억척이'로 만들었던 실용주의, 네 편 내 편 따지지 않는 포용과 협력을 나는 엄마 리더십이라고 생각한다.

취임 일성으로 '엄마 마음'을 강조한 이유가 있다. 미리 사정을 알아봤더니 함께 일할 직원들의 행복도가 높지 않았다. 불투명한 인사와 주말 행사 동원 등, 별 가치 없고 내키지 않는 업무가 많은 것이 문제였다. 나는 취임식 때 약속한 대로 주말 행사를 확 줄였다. 월례 조회도 분기에 한 번으로 줄이고, 출석 눈도장을 찍어야 했던 걷기 행사 등도 없애 버렸다.

구성원인 직원들이 행복해야 구정의 고객인 주민들을 만족시킬 수 있는 법이다. 엄마 역할을 잘하면 가족 구성원뿐 아니라 엄마 자신이 행복한 것처럼, 엄마의 마음으로 직원들을 생각한다면 그들에게 행복이 전이되고, 스스로 행복을 창출할 것이라 믿었다. 나의 엄마가 그랬고, 다른 많은 어머니가 그렇듯, 엄마는 한없이 세심하고 자애롭지만 원칙은 단호하게 지킨다. 마른 행주를 한 번 더 쥐어짜듯 아끼고 아끼지만, 미래를 위한 일에는 서슴지 않고 지갑을 연다. 혼자 잘한다고 앞서가는 것이 아니라 함께 성장한다. 다른 사람들도 더 일을 잘할 수 있게 배려하고 지원한다. 서초에서 그런 엄마 마음으로 추진한 사업은 하나같이 대환영을 받았다.

자매 도시인 터키 이스탄불로 출장을 갔을 때, 시실리구에 있는 다운카페(DOWN CAFE)를 방문할 기회가 있었다. 이 카페는 2011년에 한 건축가가 시의 보조를 받아 다운증후군을 지닌 자기 딸과 다른 다운증후군 성인들을 위한 직업훈련 공간으로 디자인한 곳이다. 커피 향이 가득한 카페에서는 커피뿐만 아니라 발달지체장애인들이 그린 그림과 티셔츠를 팔고 있었다.

손님들에게 차를 내주는 직원들은 '나는 단지 다를 뿐'이라고 쓴 유니폼을 입고 있었다. 밝게 웃는 이들을 보며 생각했다. 맞다, 다를 뿐이다. 장애인들을 단순히 재정 지원의 대상으로만 바라봐서는 안 된다. 교육을 받고 일자리를 구해 남들과 어울리며 자신의 역할을 해내고 보람을 느끼며 살 권리가 있는 인격적 존재라는 점을 잊어서는 안 된다.

나는 출장에서 돌아오는 길 내내 다운카페의 향긋한 커피 내음을 떠올리며 발달지체장애인들의 자립을 돕기 위한 일터를 어떻게 만들 것인지 골몰했다. 장애인을 보호의 대상으로만 여기던 과거의 인식에서 벗어나 장애인의 자립이 복지의 새로운 패러다임이 된 것은 분명 진일보한 성과지만, 지역사회에서 이를 받아들일 준비가 되어 있는지는 또 다른 문제다.

장애인의 자립은 일자리와 직결된다. 그렇기 때문에 곳곳에서 앞다퉈 다양한 교육과정을 마련하지만, 실제 취업은 녹록치 않은 것이 현실이다. 장애인이 사회 구성원으로서 비장애인과 나란히 설 수 있는 환경을 만드는 것, 그것이 바로 지속 가능한 일자리 제공이라고 생각한다. 내일(Tomorrow)을 위해서는 내 일(My job)이 있어야 한다. 바리스타 과정을 어렵게 이수하고도 취업할 곳이 없는 발달지체장애인들을 위해 서초구가 카페를 직접 차리기로 했다.

내일을 위한 내 일 만들기의 시작

•

첫걸음은 '늘봄카페'였다. 2016년 1월, 서초동 한우리정보문화센터에 발달지체장애인들이 바리스타로 일하는 늘봄카페 1호점을 열었다. 이들 앞에 펼쳐진 삶이 늘 봄날처럼 따뜻하고 아름답기 바라는 마음으로, 또 이 카페에 방문하는 모든 사람이 늘 봄날처럼 행복하길 소망하는 마음으로 카페 이름을 늘봄이라고 지었다.

이곳에서 바리스타로 일하는 스물두 살 김모 씨는 캐러멜 마키아토를 제일 자신 있는 메뉴로 꼽는다. 그는 "월급을 모아서 교회 친구들과 유럽 배낭여행을 가겠다"고 주변에 말하며 기대에 부푼 마음으로 커피를 만든다. 역시 바리스타로 일하는 송모 씨는 "다른 분들과 어울릴 수 있어서 부모님이 정말 기뻐하신다"며 매일매일 즐겁게 일한다고 말했다.

업무차 외부 분들을 만날 때 종종 늘봄카페를 이용한다. 귀여운 모자를 눌러쓴 바리스타들이 입을 모아 "어서 오세요" 하고 해맑게 웃을 때 터키 시실리구의 다운카페에서 만났던 그 밝은 미소들이 겹쳐 보인다. 능숙하게 커피를 내리고 활짝 웃는 이 분들을 보면 가슴이 따뜻해진다.

나는 늘봄카페 영업부장이라도 된 듯 이곳을 자랑하고 다닌다. 단골 카페는 서초구청 1층 로비에 있는 늘봄카페 2호점이다. 1호점을 개장한 후 7개월 만에 문을 열었다. 이 카페에는 꽤 단골손님이 많다. 대다수 손님들은 모른 채 지나치지만, 아주 관찰력이 좋은 손님이라면 어딘가 특별한 점을 눈치챌 수도 있다. 이곳 역시 주문을 받고 커피를 만들어 전달하는 모든 과정을 발달지체장애인들이 맡고 있다.

늘봄카페에서는 장애인을 향한 동정이나 시혜의 눈길은 없다. 그저 맛 좋은 커피를 만들어주는 바리스타만 존재할 뿐이다. 코로나19 여파로 잠시 문을 닫았을 때는 다시 문을 열기를 손꼽아 기다리는 구청 식구들의 아쉬움이 매일같이 내 귀에 들려올 정도였다. 이후 안전상 만반의 준비를 갖춰 다시 문을 열었을 때, 직원들은 마치 봄 소식처럼 반가워했다. 1층에 퍼지는 카페 특유의 향이 한 가닥 봄바람처럼 직원들에게 많은 위안을 주고 있다. 늘봄카페는 발달지체장애인 사회에서 큰 환영을 받았다. 새로운 소통과 모임 공간으로 활용되는 것은 물론이고, 발달지체장애인 가족들에게도 긍정적인 에너지를 주었다.

늘봄카페를 개장할 때 SPC행복한재단, 서울가톨릭사회복지회와 업무 협약을 체결해 구 예산을 투입하지 않았다. SPC그룹은 매장 운영에 필요한 인테리어, 운영비 등을 지원했고, 서울가톨릭사회복지회는 장애인 채용과 직업교육을 맡았다. 늘봄카페에서 나오는 수익금은 선순환의 형태로 운영된다. 전액을 장애인 일자리 창출 등 재

늘봄카페의 개소식. 조은희 구청장은 늘봄카페 영업부장을 자처한다.

2019년 1월 21일, 내 일(My job&Tomorrow)을 꿈꾸는 '늘봄스토어'의 첫 문을 열었다. 발달지체 장애인을 대상으로 편의점 내에서 필요한 계산, 물품 정리, 판매 등의 업무를 습득하는 직무 훈련을 실시한다.

활사업에 투자하고, 이들을 커피 원두 생산국으로 해외출장과 연수를 보내는 등 직업 전문성을 강화하는 데 사용한다.

2016년 장애인을 위한 일자리로 시작한 늘봄카페는 2018년 어르신 늘봄카페, 경력단절여성 늘봄카페로 확대되었다. 달랑 1곳에서 10명으로 시작했던 늘봄카페는 현재 서초구청점을 포함한 23곳 카페에서 195여 명의 발달지체장애인과 어르신들이 꿈을 이루고파는 희망 공간으로 탈바꿈했다.

늘봄의 도전은 여기서 끝이 아니다. 늘봄카페의 성공 덕분에 민간기업 GS리테일과 함께 우리나라 최초의 장애인 직업훈련형 편의점 '늘봄스토어'도 문을 열었다. 발달지체장애인들은 이곳에서 편의점 직원으로 계산·물품 정리·판매 업무를 익힐 수 있도록 직무 훈련을 받은 뒤, GS리테일의 실제 사업장에 취업해서 일하게 된다. 처음에는 2~3명으로 시작했다가 지금은 훈련과 취업 인원을 점차 늘리고 있다.

물론 늘봄카페와 늘봄스토어 개장이 모두 순조롭기만 한 것은 아니었다. 공개된 장소에서 일하면서 혹여 상처를 입지는 않을까, 피해라도 끼치는 것은 아닐까, 장애가 있는 자녀를 드러내는 데 대한 부모님들의 두려움이 컸다. 나도 실제로 현장에서 어떤 일이 벌어질지 불안하기도 했다. 하지만 그런 걱정 때문에 늘봄카페의 개장을 미룰 수는 없었다. 돌발 상황에 대비하는 훈련을 했다. 다행히 이들도 잘 적응했고 우리 사회도 발달장애에 대한 이해가 많아져 실제로 어려운 상황이 일어나지 않았다.

2019년 1월 늘봄스토어 개장식을 갖고 발달지체장애인들이 일을 시작했다. "음료수 1병, 초콜릿 한 상자, 모두 OOO원입니다." 스캐너로 가격을 확인하고 고객에게 금액을 알려드린 뒤 신용카드로 계산을 완료하고 물건을 건네는 자녀들의 모습을 보면서 이들의 부모님은 감격의 눈물을 흘렸다. "아이 혼자 어떻게 살아갈지 정말 걱정했는데, 이제 출근한다고 집을 나서는 모습을 보니 가슴이 터질 것 같습니다. 너무 너무 감사해요." 계산원 조끼를 입고 긴장된 모습으로도 웃음을 잃지 않는 아들을 보고 눈물을 흘리는 어머니를 보며 나도 눈물을 닦았다.

바리스타로 활동하는 한 청년의 어머니는 "아이가 자립하는 건 불가능하다고 생각해왔다"며 아들이 카페에서 일하는 것을 보며 기쁨의 눈물을 흘렸다. 발달지체장애인 부모들은 흔히 "아이들보다 하루만 더 살고 싶다"고 말한다. 겉으로는 장애가 드러나지 않지만 일상적인 사회생활을 하기 어려운 자녀들 때문에 평생 가슴 졸이고 사는 분들의 속내가 드러나는 말이다. 이분들을 만나면서 '돕는다'는 건 단순히 우산을 받쳐주는 것뿐만 아니라, 함께 비를 맞는 것이라는 말의 의미를 되새겨보았다.

늘봄카페를 시작으로 '내일을 위한 내 일 만들기' 프로젝트는 다양한 방향으로 진행되고 있다. 청년장애인 취업사관학교를 열어 연간 40명의 청년 장애인에게 직무 소양 교육과 현장 실습 등을 통해 다양한 분야에서 인재를 키우고 있다. 끼를 뽐내고 싶은 분들을 위한 '유튜버 양성과정', 꿈 많은 발달장애 청소년들을 위한 '영 오케스트라'도 추진하고 있다. 이분들은 일할 권리, 자립할 권리를 귀하게 얻었다. 나는 '최고의 복지는 일자리 창출'이라고 믿는다. 이들이 꿈을 이루는 날까지 그들의 취업 매니저를 자처할 것이다.

함께 여는 미래

•

① 치매 가족용 모델하우스, '치매안심하우스'

나에게는 아직 일어나지 않았지만 누구나 겪을 수 있는 일들, 누구의 탓도 아니지만 누군가 홀로 감내해야 하는 일들이 적지 않다. 숨 쉬듯 당연하게 생각해왔던 일들이 갑자기 무너져 내리고 이 모든 일을 홀로 감당해야 하는 순간을 만났을 때 우리는 누군가의 도움이 절실하게 필요하다.

치매를 겪는 분들과 이른둥이를 낳은 부모님들은 처음 부딪히는 상황에 놓였을 때 당혹스러울 뿐이다. 지원 제도는 없는지, 어떻게 해결해야 하는지 정보를 찾아야만 한다. 재정 지원만 복지가 아니다. 모르는 것을 알려주고, 더 나은 생활을 위해 필요한 건 없는지 함께 고민하는 것부터 진짜 복지다.

2017년 전국 최초로 '치매안심하우스' 문을 열었다. 이곳은 어르신들의 복합문화시설이다. 염곡동 내곡느티나무쉼터에 개관했다. 언뜻 보면 보통 집과 똑같아 보이지만, 치매 환자를 위해 구조물 하나하나 고려해 특별히 설치한 치매 가족용 모델하우스다.

81.55m²(약 24.6평) 규모에 실제 아파트 공간을 모델로 해 환자방, 화장실, 거실, 주방, 기억정원(베란다)으로 구성했다. 치매 환자의 인지·기억력을 강화하기 위해 수납장마다 신발, 그릇, 컵, 상의, 양말 등을 글자로 쓰고 그림으로 표시한 표지를 붙였다. 집 안 전체를 LED 조명으로 밝게 했고, 스위치와 콘센트, 시계 등은 벽지와 대비되는 색깔로 설치해 직관적으로 알아볼 수 있게 했다. 날짜와 온도, 시간 등을 숫자로 보여주는 디지털시계, 추억이 담긴 사진 액자 등도 곳곳에 두어 인지·기억력을 높이도록 했다.

치매 환자들에게 가장 좋은 공간은 원래 살던 곳이라고 한다. 본인이 살던 곳에서 안전하게, 인지 능력을 키우며 지낼 수 있는 방법을 가족들에게 알려주고 싶었다. 모델하우스를 만드는 내내 연로한 친정 부모님을 생각했다. 두 분 모두 감사하게도 정신이 맑고 인지 능력도 뚜렷하지만, 조금씩 움직이기 힘들어하실 때가 많다.

2017년 서초구 염곡동 내곡느티나무쉼터에 전국 최초로 '치매안심하우스'의 문을 열었다.

치매안심하우스는 보통 집과 똑같이 보이지만, 치매 환자의 안전을 고려해 구조물 하나하나 특별 제작한 치매 가족용 모델하우스다.

치매안심하우스는 어르신들의 안전을 고려한 모델하우스를 보여주는 동시에, 일상에 도움을 줄 수 있는 프로그램도 운영한다. 문을 연 지 1년 5개월 동안 2,000명이 넘는 치매 어르신과 가족들이 찾아왔다. 환자 본인이 간단한 요리와 일상에 필요한 일을 배우기도 하고 일상적인 동작이 어려운 어르신들은 작업 치료사의 도움을 받아 식사법, 옷 입기 훈련도 한다.

이곳에서는 치매 환자를 둔 가족의 휴식과 개인 업무를 위해 치매 환자를 일정 시간 돌봐주는 '치매가족 날개 달아주기' 프로그램도 운영한다. 가족들이 쉬거나 업무를 볼 동안 환자는 안심하우스에서 수공예·컬러링 등 인지 재활 프로그램에 참여한다.

② 이른둥이를 위한 '어벤져스'

세상에 일찍 찾아온 '이른둥이'들이 있다. 다른 아이들보다 세상을 조금 일찍 만난 이른둥이 아이들이나 부모님들이 헤쳐나갈 세상은 어렵고 절박하기만 하다. 이른둥이는 '미숙아'란 말이 주는 부정적인 이미지를 바꾸기 위해 새로 만들어낸 우리말로, 태어났을 때 몸무게가 2.5킬로그램 이하의 저체중이거나 임신 37주 미만에 태어난 아기들을 일컫는다. 통계청에 따르면 우리나라에서 2.5킬로그램 이하의 저체중 출생아 수는 2009년 2만 1,954명으로 총 출생아의 4.9%였던데 비해, 2016년에는 2만 3,829명으로 총 출생아의 5.9%

로 늘었다.

이른둥이는 스스로 체온 조절이 가능할 때까지 인큐베이터에서 치료받아야 하고, 그 이후에는 온전히 부모의 책임에 맡겨진다. 이들의 건강한 성장을 위해 초기에 적절한 영양 공급과 건강 관리가 무엇보다 중요하다. 이때부터 흔히 '장기전'이라고 불리는 진짜 어려운 시간이 시작된다.

우리나라에는 병원 인큐베이터를 나온 후부터 이른둥이에 대한 통계나 체계적 의료 지원 정책이 사실상 전무하다. 이른둥이 부모는 비슷한 아픔을 겪고 있는 다른 부모들과 정보 교환에 전적으로 의

서초 이른둥이 서비스는 출생 이후 35개월 동안 전문가 7인이 월 3~4회 방문하여 발달검사, 특수치료, 부모 상담 등 맞춤 관리를 연간 40회 무료로 지원하는 프로젝트다.

존하다. 인터넷 포털 사이트에서 이른둥이를 검색하면 블로그, 카페 등 개인의 실전 경험을 공유하는 온라인 네트워크가 많은 이유다. 국가와 지방자치단체 그리고 수많은 재활 및 의료기관에서 관리하는 목록 중 이른둥이는 없다.

나는 이른둥이에 대한 돌봄이 필요하다는 것을 알고 2016년부터 '이른둥이 발달평가 및 치료 서비스 시범사업'을 시작했다. 하지만 아주 적은 예산으로 신청자에 한하여 이루어지는 사업이다 보니 효과가 크지 않았다. 규모의 경제 원리는 행정에도 적용된다. 너무 작은 규모로는 효과를 거두기도 어렵고 효율성이 떨어지는 경우도 많다. 그래서 어떤 사업이든 처음에는 시범사업으로 조그맣게 시작해 본 후에 사업에 대한 확신이 들면 과감하게 예산과 인원을 대폭 투자한다.

'이른둥이 어벤져스' 사업이 그랬다. 첫해는 시범사업으로 진행되어 2018년에 준비한 뒤 2019년부터 규모를 갖춰 '이른둥이 어벤져스' 사업을 본격적으로 추진했다. 서초구에 사는 생후 35개월 미만의 모든 이른둥이가 대상이었다. 물리치료사, 작업치료사, 언어재활사, 특수교사 등 전문가들이 어벤져스처럼 한 팀이 되어 이른둥이 아기의 특성과 발달 상태를 점검하고, 올바른 놀이 방법을 지도한다.

서초에서만 한해에 조산 및 저체중으로 태어나는 이른둥이가 400명 안팎으로 추정된다. 갓 태어난 아이부터 35개월 미만까지 연간 1,200명 이상의 영유아가 '이른둥이 어벤져스' 사업의 대상자이다. 이들이 두뇌와 신체가 발달의 골든타임을 놓치지 않도록 발달 상태를 확인하고 발달 촉진 놀이, 생활 교육 치료 등을 제공한다.

아이별로 발달 상태에 따라 다르지만 보통 월평균 3~4회, 연간 40회가량 가정 방문 서비스를 진행한다. 무엇보다 아이들이 일상생활을 하는 공간에서 서비스를 받는다는 데 만족도가 높았다. 이른둥이 부모들이 느끼는 걱정과 불안을 해소하고, 자신감을 갖고 아이를 키울 수 있도록 지원하는 것은 무척 큰 보람으로 돌아온다.

서초동에서 이른둥이를 키우고 있는 임모(36) 씨는 "아이의 상체 근육 발달을 위한 터미타임 운동을 배워 매일 집에서 해주고 있다"며 막연한 불안이 사라졌다고 기뻐했다. 이른둥이 양육에 조기 개입함으로써 장애를 예방하고 미래의 사회적 비용을 줄인다는 점에서 중요한 의미를 지닌다.

③ 공동체의 이해, '나래학교'

2019년 11월 조희연 서울시교육감으로부터 감사장을 받았다. 구청장이 여기저기 감사드릴 일은 많아도 감사장을 받는 일은 그리 많지 않다. 2002년 종로구 서울경운학교가 개교한 이후로 무려 17년 만에 서울에 새로 생긴 공립 특수학교, 나래학교가 문을 연 데에 대한 감사장이었다.

만감이 교차했다. 나래학교 교정에 들어서는 아이들의 밝은 표정과 이를 지켜보는 학부모들의 형용할 수 없는 표정이 떠올랐기 때문이다. 바로 전 해에 다른 지역에서 특수학교 설립에 반대하는 주민들 앞에서 장애아 학부모가 무릎 꿇고 비는 일까지 있었던 터라, 나래학교 개교는 정말 반가운 소식이었다.

출발은 쉽지 않았다. 2016년에 염곡동에 있던 언남초등학교를 건너편 내곡동으로 옮기면서 서울시교육위원회는 그 자리에 지체장애 학생을 위한 학교를 짓기로 했다. 하지만 주민 설명회를 처음 열었을 때부터 주민 반대로 무산되었다. 특수학교는 없으면 안 되는 교육 복지 시설임에도 불구하고, 새로 지으려 할 때마다 주민 민원에 부딪혀야만 했다.

장애가 없는 어린이들도 학교가 가까워야 하고 아파트 단지 안에 초등학교가 있으면 초품아(초등학교를 품은 아파트)라며 아파트값이 올라가는 마당에, 이동이 힘든 장애 어린이들은 두 시간씩 멀리 떨어진 학교에 다녀야 한다. 이런 현실에 모두 분노하지만 막상 내 집 앞에 특수학교가 생긴다고 하면 다들 고개를 내젓는다.

하지만 주민들을 지역이기주의자로 몰아 비난하는 것은 곤란하다. 주민들에게는 또 그럴만한 이유가 있다. 특수학교가 들어가려는 곳은 지역 발전이 더딘 곳이 많다. 그동안 개발 대상에서 배제되면서 오랫동안 소외감을 느껴온 지역 주민들로서는 그렇지 않아도 어

공립 특수학교가 서울에서 개교를 한 것은 17년 만의 일이다.

서울 나래학교 개교식에서 조은희 서초구청장과 조희연 교육감, 김정선 교장이 학생 대표들과 함께 기념테이프를 자르고 있다.

려운데 또 남들이 꺼리는 시설이 들어온다는 데 두 손 들고 환영할 수는 없을 것이다.

염곡동 역시 그랬다. 주민들은 특수학교의 필요성에 공감하면서도 낙후된 지역 발전 계획을 원했다. 행정은 O, X 문제 풀이가 아니다. 하나가 맞으면 다른 하나가 틀리는 것이 아니기에, 모두 답이 될 수 있는 상생할 수 있는 방안을 찾아야 한다. 나래학교를 둘러싼 상황을 놓고 우리는 정답이 아닌 명답을 찾기 위해 머리를 맞댔다. 주민들도 참여하는 나래학교 설립 민관협의체를 구성해서 주민들이 원하는 내용부터 파악했다.

학교를 설립한다 하더라도 여러 문제점을 개선해야 했다. 우선 통학버스가 들어갈 수 없을 정도로 도로가 좁았으며, 주차 공간과 편의시설 등의 문제를 해결해야 했다. 서울시는 장애학생 학부모와 주민들이 함께 이용할 수 있는 북카페 등 주민 편의시설을 위한 예산 지원에 나섰고, 서초구는 통학버스가 안전하게 운행할 수 있도록 도로 정비와 학교 내 주민 전용 주차장을 마련하기로 했다.

건축 공사를 진행하는 동안 나는 조 교육감을 만나 수차례 조정 회의와 현장을 확인하며 학교 주변 인도를 정비하고 CCTV를 설치했다. 그렇게 개교 준비를 착착 진행했다. 나래학교 설립 계획 행정 예고를 한 지 2년 10개월 만에 학교의 문을 열었다. 굉장히 빠른 속도였다.

나래학교의 개교는 우리 사회 곳곳에서 나타나는 "우리 동네에는 안 돼"라는 님비(NIMBY) 현상을 어떻게 해결할 수 있을지 하나의 본보기로 남을 것 같다. 지역 주민의 민원을 해결하고, 새로 설치하려는 시설도 성공적으로 지을 수 있으려면 각각의 이해를 넘어서 공동체의 이해를 충족해야 한다.

우리가 함께 키워야 할 아이들 가운데는 신체적으로나 정신적으로 어려움을 겪는 친구들이 적지 않다. 나는 감사패를 염곡 마을 주민들에게 전해드리고 싶었다. 이분들의 이해와 양보 덕분에 나래학교를 설립할 수 있었기 때문이다. 염곡동 나래학교는 지역 주민과 학생들 모두 상생하는 기분 좋고 감사한 사례였다. 나래학교 같은 학교들이 서울시 곳곳에 필요한 만큼 생기고, 사회적 도움이 더 많이 필요한 자녀들을 키우는데 서울이 최고의 도시가 될 수 있기를 소망한다.

④ 맞춤형 멘토링, '서리풀 샘'

아이가 커가면서 교육 문제는 한층 복잡하게 전개된다. 안전한 공간에서 깨끗하고 영양가 있는 음식을 먹이고 잘 돌보면 되는 시기를 지나, 학교 교육 시스템 내부로 진입하면 그때부터 '무한경쟁'에 내몰린다. 많은 청년이 결혼은 해도 자녀를 낳지 않는 선택을 하는 이유 중 하나가 "양육비, 교육비를 감당할 수 없을 것 같아서"라고 한다.

특히 저출생 현상의 뿌리를 찾아 들어가면 지금의 청년들이 어린 시절 사교육 시장에서 경쟁에 치이고 고통받았던 기억이 뚜렷하다는 것을 알 수 있다. 과거에는 빈부격차가 단순히 경제적 자원을 얼마나 소유했느냐에 따라 나타났지만, 사회구조가 훨씬 복잡해진 오늘날에는 빈부격차의 원인이 다양할 뿐만 아니라 빈부격차는 또 다른 격차로 이어지고 있다.

프랑스 사회학자 부르디외는 경제 자본뿐 아니라 사회 자본, 문화 자본이 사회 계층을 가르는 중요한 요인이라고 보았다. 실제로 가난 문제는 단순히 돈의 결핍 수준을 넘어선다. 경제적으로 취약한 가정의 자녀들은 적절한 사회 자극이나 문화 혜택을 누리지 못하거나 미래를 꿈꾸는 데 도움이 되는 멘토를 만나기 어렵다. 이 문제 역시 보육 문제처럼 사회가 풀어주어야 한다.

저소득 가정 어린이들에게 학습과 진로 등 맞춤형 멘토링을 제공하는 '서리풀 샘' 사업은 이런 문제의식에서 시작했다. 아이와 부모는 서로를 선택해서 만나지 않는다. 나는 교육의 출발선만큼은 금수저, 흙수저 구분 없는 평등하고 공정한 사회를 만들고 싶었다. 어려운 환경에 있는 어린이·청소년들에게 '세상에 내 편이 있다'는 사실을 알려주고 싶었다.

구청장실에 온 두 통의 편지가 계기가 되었다. "예전에는 열심히 일하는 전문직이었는데, 결혼 후 출산과 육아에 쫓겨 정신없이 지내다 보니 10년이라는 시간이 흘러버렸어요. 저 자신이 가치 있는 사람이라는 것을 되찾을 방법이 없을까요?" 편지를 읽고 마음이 울컥했다. 20~30년 전 내 모습이 떠올랐다.

국가 차원에서 결혼과 출산을 권하지만, 이런 한 사람 한 사람의 개인 문제는 미처 챙기지 못한다. 출산 후 경력을 포기하는 선배들을 보며 후배들은 결혼과 출산을 주저한다. 저출생 문제는 여성에게 경력 단절을 강제하는 사실상 우리 사회가 치르는 값비싼 비용이다.

이 편지를 받은 후 마음이 아팠는데 또박또박 연필로 눌러 쓴 또 다른 편지 한 통이 전달되었다. "저는 ○○초등학교 5학년 ***입니다. 학교 수업이 끝나면 친구들은 엄마가 기다리는 집으로 가거나 태권도 학원, 피아노 학원, 영어학원 버스로 학원에 갑니다. 하지만 저는 아무도 없는 집밖에 갈 데가 없어요. 엄마는 일을 끝내고 밤늦게 오십니다. 엄마 혼자 돈을 벌어야 하니 저는 엄마를 원망하지 않아요. 하지만 저도 누군가 저를 기다려 주면 좋겠어요."

두 편지는 눈에 보이지 않는 끈으로 이어져 있는 것 같았다. 자신의 존재감과 가치를 되살리고 싶은 경력 보유 여성, 누군가 자신을 기다려주고 돌봐주고 길을 보여주기 원하는 어린이, 이 둘을 이어줄 방법을 찾아보자! 정책 아이디어가 떠오르자 바로 수요를 검토했다. 아주 구체적인 상황을 접하면 정책 구상을 하기에도 좋다.

중요한 것은 실행력이다. 학생들이 친근한 느낌을 갖도록 요즘 아이들이 선생님을 줄여서 부르는 샘이란 말을 붙였다. 결혼과 육아 등으로 경력을 이어나가지 못하는 지역 여성들을 적극 기용했다. 교육·사회 문제를 지역의 인적 자원으로 해결하는 교육 복지 모델이자 일자리 모델이기도 하다.

2019년에 처음으로 시행할 때는 멘토 111명이 멘티(학생) 293명을 맡았고, 2020년에는 멘토 161명, 멘티 357명으로 늘렸다. 예산도 2019년보다 3배 늘어 9억 원 정도로 범위와 규모도 커졌다.

멘티는 아직 초등학교에 들어가지 않은 어린이부터 고등학생까지 다양하다. 서리풀 샘은 과외 선생님이 아니다. 학습지도만 하는 것이 아니라 다양한 문화체험과 진로 상담, 정서 함양을 위한 프로

아이들의 공평한 교육 기회가 공정 사회를 위한 출발선이라는 믿음 아래 '서리풀 샘'들이 모였다. 경력단절 여성, 전직 교사 등 서초구의 숨어 있는 천사 분들이 아이들의 든든한 조력자가 되기를 자처했다.

그램들을 복합적으로 진행한다. 그래서 만남과 교육의 장소도 카페와 도서관, 주민센터, 야외 공원 등 다양하다. 멘티 어린이, 청소년 역시 평소에 가본 일이 없는 새로운 환경을 경험하는 데 크게 만족하고 있다.

서리풀 샘은 지역 주민들에게 만족도가 아주 높다. 출산과 육아로 사회 경력이 끊긴 여성들에게는 다시 세상과 이어지는 일자리를 제공하고, 돌봄과 교육에 목마른 어린이와 청소년들에게는 따뜻한 지원과 격려를 보내는 기회가 되었다. 금수저니 흙수저니 그런 말이 필요 없도록 샘들과 아이들이 정서적 교감으로 상대에 대한 멘토, 멘티가 되어가는 과정을 들으면 마음이 따뜻해진다. 누구보다 부모님들이 이 프로그램을 좋아한다.

서리풀 샘은 계속 진화하고 있다. 코로나19 확산으로 온라인 재택 수업이 활성화된 가운데, 소득 격차가 디지털 격차이자 교육 격차로 나타나고 있다. 부모의 소득이 높은 자녀들은 집에서도 온라인 재택 수업 등 사교육의 기회를 얻지만, 맞벌이 및 저소득 가정 등에서 돌봄을 받기 어려운 아이들은 학습 동기를 잃어버리거나 방치될 가능성이 높다. 서초구는 비대면 수업으로 나타나고 있는 학습 격차 해소를 위해 서리풀 샘을 'AI 스마트스쿨링'과 연계하고 있다. AI 학습기를 이용한 AI 스마트스쿨링으로 학습을 지원하면서, 동시에 기존 멘토링 서리풀 샘을 연계해 부족한 부분을 지도하며 정서적인 지

위도 함께 추진하는 것이다.

　AI 스마트스쿨링은 인공지능을 기반으로 학생별로 맞춤형 학습 프로그램을 제공한다. 그 결과 학습 참여율은 72%에 이르고, 정답률도 75%에 이르는 등 학습 효과가 높게 나타났다. 보통 유료로 운영하는 온라인 학습의 경우 참여율이 30% 내외라고 하는데, 이와 비교할 때 매우 높은 학습 수준으로 평가되고 있다. 이렇게 긍정적인 효과가 나타나자, 일반 아동까지 확대한 357명에게 AI 학습기를 지원하여 현재 615명에게 학습지원을 하고 있다. 특히 서리풀 샘 161명은 담당 학생들의 개인별 상세 학습 분석 데이터를 확인하면서 1대 1 온·오프라인 학습 성장을 도울 뿐만 아니라, 생계를 위해 바쁜 부모님을 대신한 엄마 마음의 따뜻한 멘토링으로 아이들에게 '언제나 든든한 내 편'이 되어주면서 정서적인 지지와 안정감을 주도록 했으며, 이것이 학습 효과 극대화의 비결이 되고 있다.

　우리 미래를 이끌어나갈 아이들에게 공정한 출발 기회를 제공하는 것이 사회의 몫이다. 서울시 차원에서 이런 프로그램을 확대하면 아이를 키워주는 서울의 힘을 보여줄 수 있을 것으로 기대한다.

⌂ 코로나 온택트 시대, 현장에서 응답하라

주민의 목소리에 귀를 기울이다

•

① 민원서류를 위한 택배 서비스

"띵동. 주민등록등본 택배 왔습니다."

코로나19 시대, 우리는 '배달의 민족'이라는 정체성을 실감한다는 우스갯소리가 있다. 실제로 음식, 생활필수품 배달이 엄청나게 늘었다. 코로나19 바이러스 확산을 막기 위해 비대면, 온택트(Ontact) 일상이 확대되는 가운데 서초구는 2020년 9월 '서리풀 민원 택배 서비스'를 시작했다.

혼란한 민원실 나들이를 피하려는 분들을 위해 주민등록 등·초본 등 제 증명 7종과 복지증명 3종, 인허가 서류 28종 등 민원서류 66종을 전화나 인터넷으로 신청하면 집이나 원하는 곳으로 '번개' 배송하는 서비스다. 전화 민원 신청 서비스가 가능한 민원서류는 토지

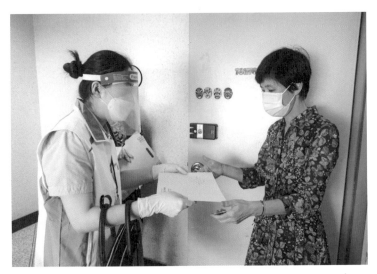

주민이 신청한 민원서류를 배달하고 있다. '서리풀 민원택배'는 코로나19로 직접 방문을 꺼리는 주민을 위해 실현시킨 사업이다.

(임야)대장, 지적도(임야도) 등 '어디서나 민원' 11종이다. 본인 확인이 필요 없는 민원을 대상으로 우선 실시하고, 향후 법적 검토를 거쳐 대상 민원 확대 여부를 검토할 예정이다.

이들 서류 중 상당수는 온라인으로 발급받을 수도 있다. 그러나 온라인에 약한 어르신 등 디지털 취약 계층이나 프린터를 갖추지 못한 가정에서는 직접 민원실을 찾을 수밖에 없기 때문에 이 서비스에 대한 반응은 환영 일색이다. 건당 2,000원인 배송을 청년들에 맡겨 청년 일자리 창출 효과도 얻었다. 돌 하나로 새 3마리를 잡는 1석 3조의 최신형 '스마트+아날로그' 융합 행정이다.

'즉시 민원'의 경우 오전에 접수하면 오후 배송, 오후에 접수하면 다음 날 오전에 배송을 원칙으로 한다. 처리 기한이 있는 민원은 기한 종료 후 다음 날 배송되며, 수수료는 서류 발급에 필요한 증지 수수료와 배송료만 부담하면 되도록 했다. 배송 직원은 코로나19로 일자리를 잃었거나 구직활동 중인 18~39세의 청년층 가운데 선발한다. 민원 택배에 앞서 지난 3월부터 민원 대기 현황 실시간 알림 서비스도 시작했다. 구청 홈페이지를 통해 실시간으로 민원대기(제증명, 여권) 현황을 한눈에 확인할 수 있어 큰 호응을 얻고 있다.

서리풀 민원 택배는 직원 600여 명이 참여한 좋은 아이디어 대회에서 2등에 당선된 아이디어를 발전시킨 것이다. 누가 낸 아이디어인지 비밀로 하는 블라인드 형식으로 진행했다. 원래는 민원인들에게 자기 민원이 언제 마무리되는지 알려주는 사이렌 오더 서비스였는데, 거듭된 아이디어 회의를 통해 아예 집으로 배달해주는 서비스로 발전했다. 좋은 아이디어는 꼬리에 꼬리를 문다.

② 주민의 재산세 하소연에 답하다

2020년 재산세 7월분 고지서가 발송되자 하루에 1,000통씩 전화와 문자가 쏟아졌다. 겨우 집 한 채 있어서 살고 있는데 이렇게 세금이 가파르게 오르면 어떻게 사느냐는 하소연과 항의를 하며 우는 분들도 계셨다. 실제로 부동산 가격이 많이 오른 데다, 주택 공시가를 현실화하겠다는 정부 정책에 따라 공시가가 시가의 70%까지 접근하면서 시민들이 체감하는 세금 인상률은 감당하기 어려운 수준으로 올랐다.

서초구의 재산세는 문재인 정부 3년간 72% 올랐다. 보유세가 무서워 집을 팔고 나가자니 양도세가 무섭고, 그 돈으로 새로 집을 사면 취득세를 내야 한다. 집값이 너무 올라 손에 쥔 돈으로 새로 집을 살 수도 없다며 한숨을 푹푹 쉬는 분들도 많았다. 게다가 2020년은 코로나19라는 예상치 못한 재난 때문에 경제가 침체하고 자영업을 하시는 분들이나 프리랜서, 청년들의 고통이 크다. 정부의 공시가격 조정으로 재산세 상승률이 어느 해보다 높아 세금 부담의 고통은 가중되었다.

서초구의 경우 2020년 공동주택 공시가격이 전년 대비 22.5% 급등했다. 그 결과 부동산 투기와 전혀 무관한 1가구 1주택자, 중산층 서민들이 세금 폭탄의 고통을 호소하는 목소리가 빗발쳤다. 세수가 늘면 돈 쓸 일이 많은 구의 입장에서는 반가운 일이지만, 세금을 내야 하는 분들 입장을 생각하면 마냥 좋아할 수만은 없는 일이다.

코로나19 사태를 재해로 보면, 지방세법 제111조 3항 "재해 등 상황에서는 자치단체장이 당해 연도 재산세에 한해 50% 감경할 수 있다"는 규정을 적용할 수 있다. 나는 적어도 9억 원 이하의 1가구 1주택 세대에는 세금을 감면해줘야 한다고 생각했다. 9억 원 이하로

정한 이유는 공시지가 9억 이상의 주택은 구청에서 감면을 해도 국세인 종합부동산세(종부세)로 걷어가기 때문이다. 9억 원은 2008년에 '고급주택'으로 정한 기준이다. 지금은 서울 아파트값으로 보자면 중위 가격이니 사실상 우리가 상상하는 고급주택은 아니다.

공시가격은 급격히 대폭 올리고 고급주택 기준은 수년째 그대로 두다니, 불공정도 그런 불공정이 없다. 부동산 투기와 무관한 1주택자들까지 재산세 폭탄을 맞은 것은 공정하지 않다. 게다가 같은 아파트 단지에서도 공시가격이 제각각이라고 감정평가에 대한 불신까지 더해졌다. 2020년 공시가격 이의 제기만 3만 7,000건을 넘었다. 정부가 1가구 1주택 시민을 보호하지 않는 것도 이해할 수 없다.

사실 구청의 재산세 감면은 선례도 있다. 2004년 노무현 정부 때도 부동산 가격 폭등으로 세금이 크게 올랐는데 그때도 서울시에서 20개 자치구가 재산세를 감면했다. 2015년에도 14개 구가 재산세 감면을 시행했다. 지금도 할 수 있다. 그러나 이번에는 서울시 25개 자치구 가운데 더불어민주당이 구청장을 맡고 있는 24개 구에서 모두 반대했다.

서초구에서 9억 원 이하 주택은 전체 주택의 50.3%인 6만 9,145가구이다. 2020년 서초구 재산세 부과액은 작년 대비 921억 원이 늘었고, 서울 시세가 아닌 자치구 분만 따지면 370억 원이 늘었다. 이중 9억 원 이하 주택을 대상으로 한 전체 감면액은 약 63억이다.

1가구 1주택자만 한정하여 재산세를 감면한다면 작년 대비 늘어난 구세분 370억 원 중 40억 원 정도를 다시 돌려드리는 셈이다. 2019년 결산 기준 서울시 25개구의 구당 집행 잔액은 평균 759억 원이다. 서초구처럼 50%를 감경할 경우 구당 63억 원 정도 드는데, 이는 집행 잔액 759억 원의 8.8%에 불과하다. 그런데도 24개 구가 짜 맞춘 듯이 반대한 것은 납득하기 어려운 일이었다.

서울시 구청장협의회에서 나의 제안을 투표로 부결시켰지만 서초구만이라도 해야 할 일이라고 생각했다. 서초구의회는 '1가구 1주택 소유자 재산세 부담 감경을 위한 구세 조례 일부개정조례안'을 통과시켰다. 공시가격 9억 원 이하 1주택 보유자의 재산세 절반을 환급해주기로 한 것이다.

재산세 중 서울시 귀속분 50%이고 이를 제외한 구세분은 50%이므로, 감면에 해당하는 주민은 올해 재산세의 25%를 돌려받는다. 가구당 평균 10만 원, 최저 1만 원에서 최고 45만 원이다. 서울시에 내는 공동과세분은 변동이 없으므로 다른 자치구로 돌아갈 몫이 줄어들지는 않는다.

그러나 서울시는 지난 10월 30일, 서초구의 '구세 조례 일부개정조례안'에 대해 대법원에 무효 확인 소송을 제기하고, 조례안의 효력을 정지시키는 집행정지 신청을 함께 접수했다. 지방세법상 과세표준을 벗어나 별도의 과세표준 구간을 신설해 위법성이 있다는 해석을 내세웠다.

선례가 있음은 물론이고 코로나19의 재난 상황에서 지방세법에서 규정한 자치단체장의 권한 범위 내에서 적법한 절차와 합리적인 기준으로 정해진 것임에도 불구하고 전례가 없는 조치였다. 지방자치를 선도해야 할 서울시가 스스로 지방자치권을 침해하고 부정하는 행위나 다름없었다.

무엇보다 주민들에게 환급해야 할 시기가 늦어져 무척이나 안타까울 따름이다. 대법원 소송 과정을 통해 적법성을 밝히고 승소하는 것이야말로 시민을 위하는 것이며 훼손된 지방자치권을 회복하는 일일 것이다.

서울시 쪽의 대법원 제소 이후 3주가 지난 시점에, 나는 한국납세자연합회에서 주는 '세정 부문 납세자 권익상'을 수상했다. 한국납세자연합회는 납세자의 정당한 권익 보호와 조세 정의를 실현하는 데 목적을 둔 시민단체로, 사실상 과도한 집값 상승으로 세금 부담이 많아진 1가구 1주택자를 적극 보호하겠다는 서초구의 정책에 힘을 실어준 것으로 볼 수 있다. 정부의 부동산 대책 실패로 시민들의 어려움이 커지고 있는 현실에서 서초구의 시도가 마중물이 되어 다른 자치구에서도 동참하기를 기대한다.

③ 특명: 마스크를 지급하라

긴급한 상황일수록 빠른 대처가 필요하다. 코로나19 초기에 마스크를 사려고 약국마다 늘어선 줄이 길게 꼬리를 물었다. 정부에서 공적마스크 5부제를 시행한다고 발표했지만 줄은 줄어들지 않았다. 차가운 겨울바람을 맞고 발을 동동 구르며 서 있는 분들을 보니 안쓰럽고 죄송스러운 마음이 들었다. 기껏 기다렸는데 바로 앞에서 품절되어 허탕을 쳤다고 분노하는 분도 계셨다. 이래서는 안 되겠다 싶었다. 방법이 없을까 궁리해보았다. 구청에서 보유하는 마스크가 떠올랐다. '그래, 그걸 미리 풀면 되겠구나.' 다른 용도로 비축해놓은 물량이지만 그런 걸 따질 계제가 아니었다. 바로 실행에 옮겼다.

총 5만 6,250매의 구청 보유 마스크를 관내 225개 약국에 약국당 250매씩 하루 전날 배부했다. 공적 마스크가 입고되기 전이라도 판매할 수 있도록 하기 위한 조치였다. 그리고 약국 문을 여는 시간을 써 붙여 미리 줄 서지 않도록 안내했다. 약사들의 일손이 부족할까 봐 구청 인력도 지원해줬다. 임산부나 거동이 불편한 어르신 등은 직접 찾아가 마스크를 전했다. 마스크 물량을 확보하기 위해 전 부서가 나서서 공장을 찾아다녔다. 꼬리를 물었던 줄이 사라지고 '마스크 대란'이 사라졌다. 빨리 주는 것은 두 번 주는 것이나 마찬가지의 효과를 냈다. 일의 효과도 보람도 두 배로 컸다.

빛보다 빠른 것이 마음이라고 한다. 마음은 사람이 고개를 한 번

숙였다가 드는 그 짧은 순간에도 우주를 두 바퀴나 돈다고 했다. 빠른 행정 서비스는 마음에서 나온다. 민원 대응이나 사업 추진이 느려서 시민들의 원성을 산다면 그것은 마음 없이 건성으로 일했기 때문일 것이다. 시민들의 고통을 읽고 불편을 헤아린다면 사업을 대하는 마음 자세부터 달라진다. 마스크를 받고 기뻐하는 분들을 보며 든 생각이다.

④ AI로봇으로 발열체크

코로나19가 잦아들기는커녕 계속 확산되면서 공공장소에서의 발열체크 등 방역 부담이 한층 커졌다. 방역도 마스크만큼 현장 중심의 선제 서비스가 필요했다. 가장 취약한 곳은 등교를 시작한 초등학교와 중·고등학교였다.

2020년 6월 AI로봇을 도입해 서초구의 51개 초·중·고교에 배치했다. 로봇은 키가 1.2미터의 자그맣고 귀여운 외모로, 적외선 카메라와 안면인식 기술을 탑재했다. 처음에는 시범 삼아 서초구청 로비에 두었는데 친밀한 느낌을 주는 데다 비대면으로 체온 측정 등 방역 효과가 좋아 학교로 배치를 확장한 것이다.

책가방을 멘 아이들이 로봇 앞에 다가서면 화면에 체온이 나타나고, 마스크를 제대로 쓰지 않은 아이에게는 "마스크를 잘 써주세요"라고 말을 건넨다. 로봇은 노래를 부를 수 있고, 춤을 추는 기능도 있어 초등학생들에게 특히 인기가 좋았다. AI로봇의 인기는 정세균 국무총리님에게도 전해졌다. 지난 7월 정세균 국무총리는 서초의 우암초등학교를 방문하여 교육 현장에 설치된 AI로봇을 살펴봤다. 서초구 초중고교에 배치된 AI로봇에 조희연 교육감님도 '배려에 감사하다'는 전화를 했다.

AI로봇은 추석 연휴를 앞두고 서울고속버스터미널·센트럴시티터미널·서울남부터미널 등에도 배치되었다. 로봇은 사람들에게 친밀한 분위기로 마스크를 제대로 착용하지 않은 사람에게 "마스크를 착용하세요"라고 안내한다.

아이들이 등교 전, AI로봇 발열체크로 체온과 마스크 착용 여부를 다시 한 번 점검하고 있다.

온택트 행정은 모바일로

•

옛말에 "물에 비추지 말고 사람에 비추라"고 했다. 거울에 자신을 비추면 용모를 알 수 있지만 사람에 자신을 비추면 운명을 알 수 있다는 가르침이다. 나는 민선 7기 구청장에 재선되면서 주민들 누구든 언제든지 나에게 연락하시라고 휴대전화 번호를 공개했다. 이분들이야 말로 나를 비추어 보고 오늘의 나를 만들고, 내일의 나를 만들어가는 거울이기 때문이다.

처음에는 '은희 씨의 속 시원한 오후3시'라는 이름으로 시민들과 직접 만나는 일종의 주민회의 성격이었다. 적극적으로 소통하고 싶어서 마련한 공간이었고 반응도 좋았지만, 시간 제한도 있었고, 행사에 초청된 분들의 범위가 제한적일 수밖에 없다는 아쉬움도 있었다.

다양한 의견을 바로바로 들을 수 있는 채널을 고민하다가 휴대전화 번호를 공개하기로 했다. 주변에서 많이 염려했다. 시도 때도 없이 전화가 와 별의별 민원이 다 들어오거나, 돌발 상황이라도 생기면 생방송처럼 노출될 수도 있었다. 그런 염려에도 불구하고 나는 번호를 공개했다.

구청장에게 말을 전하고 싶은데 잘 연결되지 않는 경우가 많다. 직접 접할 수 있는 길을 열어놓는 게 나에게도 좋을 것 같았다. 지금이 어떤 때인가. 할리우드의 유명 배우 케빈 베이컨과도 여섯 단계만 거치면 다 연결된다는 초연결사회 아닌가. 잠깐 옆길로 빠지자면 '케빈 베이컨의 6단계 법칙'은 누구나 몇 단계만 거치면 케빈 베이컨과 연결된다는 내용으로 알려져 있다. 원래는 케빈 베이컨과 함께 영화에 출연하지 않은 배우들도 2~3단계를 거치면 케빈 베이컨과 관계가 닿을 수 있다는 '케빈 베이컨 놀이'에서 유래했는데, 나중에는 누구나에게로 바뀌었다.

나도 한번 해보았는데 사실 몇 단계를 거칠 것도 없다. SNS에서 팔로우하면 1단계에서 바로 연결된다. 며칠 전에는 케빈 베이컨이 월요병 때문에 너무 우울해서 자기 집 지하실에서 커다란 휴대용 CD플레이어로 잭슨 브라운과 블론디의 노래를 들으며 기분을 달랬다는 동영상을 보았다. 그의 사생활에 바로 온택트한 것이다.

휴대전화 번호를 공개하며 다만 한 가지 미리 양해를 구했다. 통화는 어려울 때가 많으니 문자와 톡으로 연락해달라고 했다. 현실적으로 회의도 많고 현장 업무도 많아 바로바로 전화를 받기 어렵기 때문이다. 대신 틈날 때마다 휴대전화를 들여다보며 메시지를 부지런히 살펴보았다. 어떨 때는 문자를 하다 전화 수신 버튼을 눌러 직접 전화한 적도 있다. 대부분 "진짜 구청장이세요?"라고 말하며 깜짝 놀라거나, "정말 전화를 받네" 하고 끊어버리는 분도 계셨다.

"설마 구청장이 응답할까?" 하고 반신반의하며 보냈는데 뜻밖에 답변이 와 놀랐다는 반응이 많았다. 나 또한 사업이나 정책에 관해 주민들의 생생한 반응을 직접 확인할 수 있어서 좋았다. 또 주민과 문자를 나누면 사업 아이디어나 창의적인 발상이 떠오를 때도 많다. 블록체인 기술을 활용하면 모든 사안에 대한 의견을 곧바로 묻는 직접 민주주의도 이론상 가능한 시대다. 수평적 관계망을 기반으로 하는 디지털 세상에서 휴대전화 번호 공개는 이래저래 '수지맞는 장사'라고 하겠다.

한편으로 신기하게 느껴지는 것은 문자나 댓글에도 표정이 있다는 점이다. 얼굴이 보이진 않지만 메시지를 읽다 보면 보낸 사람의 표정이 보인다. 어느 문자는 활짝 웃고 있고, 어느 문자는 찡그리고 있고, 어느 문자는 엄지 척을 하고 있다. 생텍쥐페리는 《어린왕자》에서 "진짜 소중한 것들은 마음으로 봐야 보인다"고 했다. 문자도 마음으로 보면 표정이 보인다. 하나하나 찬찬히 읽다 보면 내 마음도 표정을 짓고 있고 소리도 들린다. 박수 소리, 항의 소리, 응원 소리에 죽비 소리처럼 정신이 번쩍 드는 호통까지, 덩달아 웃고 울며 답변을 쓰고 아이디어를 메모한다.

전 세계를 휩쓴 코로나19로 우리 삶은 상당히 달라졌다. 디지털 기술이 발전해 우리는 온라인 쇼핑이나 애플리케이션(앱)을 통해서 비대면 시대의 가능성을 맛보았지만, 실제로 생활의 모든 장면에서 이를 활용해야 하는 상황은 2020년 상반기에 처음 발생한 것이다.

코로나19 대응책을 논의하기 위한 서초구 재난안전대책회의를 영상으로 진행하고 있다.

해외 자매도시인 터키 시실리구 구청장과 코로나19 대응 전략을 공유하는 화상 통화를 하고 있다. 조 구청장은 서초구가 전국 최초로 시행한 입국자 전수 검사와 서울 최초로 도입한 취합검사법, 확진자 정보 공개, 이동 경로 방역, 자가격리자 불시 점검 등을 소개했다.

언택트(Untact), 즉 비대면 시스템이 새로운 생활 표준(뉴노멀·New Normal)으로 어느새 우리 삶의 일상 속으로 들어왔다. 학교도 안 가고 온라인 수업을 받으며, 시험, 취업 면접도 온라인으로 시행한다. 기업도 화상 회의와 온라인 결제를 통해 업무를 진행한다. 행정 기관도 민원 업무를 온라인화하고 나도 이러한 변화에 적응하고 있다.

사회적 거리두기가 강화됐을 때 얼굴을 맞대는 회의는 대부분 취소하고 영상회의로 대체했다. 처음에는 좀 어색했는데 이제 컴퓨터 화면에 뜨는 회의 참석자들 얼굴이 별로 불편하지 않다. 그래서 나는 이러한 현상을 언택트를 넘어 온택트라고 부르고 있다. 온라인으로 접촉하고 있으니까 온택트요, 언제든 소통 채널을 켜놓는다는 의미에서 온(ON)택트다.

온택트는 결국 휴먼 콘택트다. 아무리 온라인으로 물건을 주문하고 민원을 처리해도 가장 마지막 순간에는 사람이 접촉해야 한다. 온라인으로 주문한 물건을 집 앞에 갖다 주는 것은 택배 배달원이고, 온라인으로 신청한 서비스를 제공하는 것도 사람이다. 1인가구 서비스센터에서 외로움과 문제를 해결해주는 것 또한 사회복지사이고, 혼자 사는 어르신에게 외출 도움을 주는 것도 사람이다.

온택트 시대에 가장 중요한 행정 서비스는 접속이며 접촉이다. 평생 기자로 바쁘게 살아왔던 한 선배가 은퇴 후 집에 작업실을 차리고 일하면서 "제일 자주 찾는 곳이 동 주민센터"라고 하기에 왜냐고 물었더니 휠체어도 빌리고(발목 골절로), 각종 지원 신청도 하고, 동네 소식도 듣는 등 큰 도움을 받고 있다는 것이다. 주민센터에서부터 구청, 시청에 이르는 지방자치 행정의 성패는 결국 시민들이 행정 서비스를 어떻게 체험하고 피부로 느끼는지에 따라 좌우된다.

사업이나 정책의 성패는 주민에게 달려 있다. 사회적 거리두기로 행사나 모임이 줄었다고 주민 여론과 접촉을 소홀히 하면 배가 산으로 갈 수 있다. 온라인 행정이 확산돼도 그럴수록 더 열심히 주민의 의견을 구하고, 더 꼼꼼히 주민의 반응을 살펴야 한다. 그래야 사업이나 정책이 겉돌지 않고, 주민들의 피부에 와 닿는 맞춤 행정을 펼수 있다.

휴대전화보다 더 효과적인 온택트는 현장이다. 민방위 대원들과 했던 대화, 안전톡에서는 특히 횡단보도 교통안전 문제가 수차례 나왔다. 운전하는 입장에서 신호등 없는 횡단보도는 미처 못 보고 지날 때도 있다는 의견도 많았다. 거기서 바로 LED 등으로 횡단보도를 표시하는 활주로형 횡단보도 아이디어를 얻었다. 주민들의 건의 사항이 끊이지 않는 이유는 명백하다. 끝까지 책임지고 진행 사항과 처리 결과까지 알려주기 때문이다.

민방위 대원 한 사람이 '구민안전보험'에 대해 질문한 것을 바탕으로 전 구민에게 자전거 사고 등 생활안전보험을 들어주는 조례를 만든 것도 바로 현장의 온택트를 통해 얻은 선물이었다. 코로나19

확산으로 현장톡은 잠시 중단되었지만, 접속은 계속 켜져 있는(ON) 상태다. 오늘도 내 휴대전화에는 문자와 카톡으로 온갖 이야기가 들어온다. 음성통화보다 문자, 메신저, SNS로 접속하기 원하는 것은 20대뿐만이 아니다. 이젠 40대 이상에서도 메신저를 선호하는 비율이 55%로 음성 선호를 훨씬 넘어섰다.

온택트 행정은 우리가 무한접속 초연결 시대에 살고 있다는 방증이다. 화상회의와 재택근무, 온라인 강의가 보편화되는 가운데 디지털 행정도 영역이 넓어졌다. 모바일 앱으로 각종 행정 정보를 알려줄 뿐 아니라 행사나 모임도 온라인으로 진행한다. 특히 지난 봄 이래 도서관, 공연장, 전시장 등 수많은 공공 문화 시설이 휴관하고 문화 공연과 교육 프로그램이 취소되면서 온택트는 더욱 중요해졌다.

마라톤 같은 실제 움직임이 필요한 스포츠조차 각자 자신의 시간과 형편에 맞게 달린 뒤 온라인으로 공유하는 랜선 마라톤으로 진행되는 마당이다. 이러한 온라인 뉴노멀 시대에 온택트 행정은 어느 방향으로, 어디까지 확산될 수 있을지 또 누구 하나 뒤처지는 사람 없이 함께 갈 수 있을지 해결해야 할 과제가 많다.

버스나 전철을 타고 이동 중에도 모바일 앱으로 지원서를 쓰거나 각종 공고를 확인하는 세상의 한편에는, 디지털 기술에 익숙하지 않은 장노년층이나 디지털 기기, 온라인 서비스를 손쉽게 이용할 수 없는 디지털 약자들도 여전히 많다. 그런 점에서 디지털은 곧 복지다. 언택트가 아닌 온택트 서비스가 당장 우리 모두에게 필수가 된 현실에서 어떻게 하면 모든 사람이 함께 갈 수 있을지, 개인정보 보호는 어떻게 해야 할지, 고려할 일들이 쌓여 있다.

⌂ 담대한 도전

서리풀 터널을 뚫다

•

얽히고설킨 실타래는 어떻게 풀어야 할까? 과감한 사람들은 골치 아프게 매듭을 푸느니 단칼에 확 베어버리고 싶어 할지도 모른다. 알렉산더 대왕은 누구도 풀지 못한 고르디우스의 매듭을 단칼에 베어버렸다. 반면에 신중한 성격의 사람이라면 엉킨 실타래를 한 올 한 올 찬찬히 풀어나가는 쪽을 택할 것이다.

옛말에 "어지럽게 얽힌 실타래를 푸는 사람은 주먹으로 내려치지 않는다"고 했다. 무작정 힘으로 당기면 더 꼬여버리기 때문이다. 꼬인 문제를 해결하려면 과감하게 발상을 전환해 기존의 틀을 깨는 담대함이 필요하고, 꼼꼼히 전후 맥락을 살펴 실마리를 찾는 섬세함도 필요하다. 문제의 프레임에 갇히지 않는 자유로운 상상력과 문제의 맥을 정확하게 짚어나가는 예리한 통찰력을 함께 갖춰야 얽힌 난제를 해결해나갈 수 있는 것이다.

행정은 보수적으로 법과 원칙에 따라 수행해야 하지만, 때로는 담대해야 할 때도 있다. 모두가, 관행이, 상식이 "안 된다"고 말할 때 그것을 되게 만드는 힘이 담대함이다. 무모함이라 해도 좋다. 시민에게 꼭 필요하다면, 안 된다는 일도 '된다'고 밀어붙일 수 있어야 한다.

2019년 4월 개통한 서리풀 터널이 그랬다. 1978년 서초역에서 방배로 구간을 연결하는 도로를 건설하기로 결정했지만, 이곳에 길이 뚫린 것은 41년이 지나서였다. 지하철 2호선을 착공한 그해 결정된 길이 1,280미터(터널 구간 530미터)의 짧은 터널을 완공한 시점이 1983년 12월 서초역을 개통한 지 36년이 지난 후였다. 서초역 앞 대법원과 대검찰청, 서울중앙지방법원, 서울중앙검찰청과 함께 법조타운을 이루며 서울의 핵심 지역을 이룬 시기가 1995년인 것을 생각하면 이곳에서 소통이 이뤄지는 데 참 오랜 시간이 걸렸다.

이유는 분명했다. 터널을 뚫어야 할 곳에 육군정보사령부가 있다 보니 도시 계획상의 도로 설계는 아무런 의미가 없었다. 방배동과 사당동, 관악 지역에서 강남역, 서초역 쪽으로 접근하려면 20분 이상 우회해야 했다. 정보사 이전과 부지 개발 협의를 본격적으로 한 시기가 2002년이고 정보사 이전이 확정된 2010년이 되어서도 정보사 자리를 어떻게 활용할 것인지를 놓고 국방부와 서울시가 의견 대립을 보이며 진척이 없었다.

국방부는 정보사 자리에 아파트를 짓겠다고 했고 서울시는 문화·

녹지 공간으로 조성해야 한다고 이견을 냈다. 국방부는 서울시의 부지 보상을 거부했고 서울시도 보상비를 불용 처리하면서 서리풀 터널이 뚫리기는커녕 풀어야 할 매듭이 더 꼬였다.

2014년 민선 6기 서초구청장에 선출되자마자 바로 정보사령관과 국방부 차관을 만나러 갔다. 서리풀 터널 문제는 서초의 문제가 아니라 대한민국의 수도이자 세계적 메가시티인 서울의 관상동맥이 막힌 문제였기 때문이다. 정보사와 국방부는 '신기하다'는 반응을 보였다. 나도 신기했다. 지금까지 서리풀 터널 문제로 이분들을 직접 찾아온 서초구청장이 한 명도 없었다니!

담대함은 무모함과 합리성을 함께 갖췄을 때 의미가 있다. 아니면 모르는 자의 만용일 뿐이다. 나는 그동안 고착 상태에 빠진 기존의 협의 틀에서 벗어나 터널 공사와 부지 활용 문제를 나눠서 추진하자고 제안했다. 서울 남쪽의 동서 간 흐름을 원활하게 하는 일부터 해결하고, 부지 활용 방안은 계속 논의하는 투트랙(Two track) 전략이었다.

"땅 위의 문제와 땅속의 문제를 따로 봅시다!" 아무도 풀지 못했던 고르디우스의 매듭을 알렉산더 대왕은 어떻게 했던가? 매듭을 붙들고 끙끙대는 대신 그는 단칼에 매듭을 잘라버렸다. 나도 알렉산더 대왕의 칼을 쓴 셈이다. 정보사의 반응이 나쁘지 않았다. 그래서 바로 서울시에도 같은 제안을 했다. 역시 반응이 긍정적이었다. 이후 부지런히 양쪽의 이견을 좁혀가는 중재자 역할을 했다.

분위기가 달라지자 막힌 혈이 뚫린 것처럼 일은 속전속결로 진행되었다. 터널 공사 자체는 시간이 많이 필요한 일이 아니었다. 2015년 10월에 드디어 첫 삽을 떴고 3년 반 동안 공사를 해 터널이 시원하게 뚫렸다. 가수 이미자, 윤형주 씨 등이 축하 노래를 선사했다. 그분들도 "터널이 뚫리니 막인 속이 뻥 뚫리는 것 같다"고 기뻐했다. 꽉 막혔던 소통이 뚫리자 도시의 흐름, 시민의 흐름, 경제와 문화의 흐름이 모두 뚫린 것이다.

서리풀 터널을 개통했지만 모든 과제가 풀린 것은 아니다. 투트랙 중 중요한 트랙인 부지 활용 문제, 충분치 않은 대중교통 흐름 문제가 여전히 남아 있다. 전망은 낙관적이다. 터널 위에 있는 언덕은 완만한 경사로 이어진 산책길과 전망 데크를 만들어 많은 시민이 즐겁게 이용하고 있다. 산책로 초입에는 방배숲도서관을 열 예정이다. 도심 한복판에서 숲과 어우러진 명소로 새롭게 태어날 것이다. 요즘 말로 역세권, 숲세권 모두를 만족하는 시민들의 공간으로 새롭게 태어날 것이다.

때로는 부드러운 담대함도 필요하다. 서리풀 터널을 뚫게 한 접근 방식이 땅속 먼저, 땅 위는 나중으로 어려운 매듭을 잘라버린 것이었다면, 주차장과 공원, 시민 편의시설을 한곳에 만들자는 멀티플 접근 덕분에 주차장 부족 때문에 일어나는 만성 민원을 해결할 수

서리풀터널 공사 현장에서 관계자로부터 진행 사항에 대해 듣고 있다.

개통 후 서리풀 터널의 모습. 내방역~서초역 1.3킬로미터를 잇는 서리풀 터널이 완공되면서 서초대로가 42년 만에 연결됐다. 출퇴근 시간도 20분 이상 단축되고, 동작·서초·강남구 간 접근성이 획기적으로 개선됐다.

있었다. 이 역시 고르디우스의 매듭을 단칼로 잘라버린 담대함과 일맥상통한다.

양재역 사거리는 금싸라기 땅이다. 이곳에 공영주차장이 있다. 2000년 완공한 이 주차장은 당시만 해도 지하철 환승 주차장으로 제법 규모가 크게 설계되었지만, 시간이 흐르면서 철골조 건물에서 녹물이 흐르고 군데군데 균열이 나타났다. "주차장 무너지는 것 아니요?" 내 휴대전화로 이틀이 멀다 하고 민원 전화와 문자가 잇따랐다. 게다가 그 주변의 주차 수급율이 69.9%밖에 되지 않아 불법 주차 문제로 주택과 근린 상가, 사무실에서 시비가 끊이지 않았다. 주변 땅을 사서 주차장을 만들자니 부지 매입 비용만 170억 원 이상 들었다. 이번에는 땅 위와 땅속의 것을 함께 생각해보기로 했다.

기존의 공영주차장 인근에 있던 어린이공원을 활용하기로 했다. 공원을 없애 주차장을 만들자는 것이 아니라 땅 위에는 더 멋진 공원을 만들고 땅속은 지하 1~3층까지 주차장을 만드는 것이다. 거기에 덤으로 주택가 커뮤니티 시설인 반딧불센터, 어린이 실내 놀이터인 서리풀 노리학교, 출산과 육아를 지원하는 엄마들의 아지트(모자보건센터)까지 새로 들어선다. 주차난도 해결하고, 공원도 지키고, 시민들을 위한 시설도 새로 생기는 참 대단한 아이디어 아닌가? 2022년 우리는 담대한 접근의 결과물을 목격하게 될 것이다.

그린서초 프로젝트

•

"디지털하고 환경이 무슨 관계가 있어요? 기술 발전이 이루어질수록 우리는 점점 더 자연과 멀어지는 것 아닌가요?" "세상이 발전한다면서 왜 전에 없던 미세먼지니 초미세먼지니 이런 새로운 문제들이 계속 나타나지요? 옛날로 돌아갔으면 좋겠어요."

최첨단 디지털 기술 도입으로 친환경 도시를 만들자는 제안을 하는 자리에서 종종 듣는 이야기들이다. 얼핏 일리 있는 말 같다. 맑은 물, 깨끗한 공기는 깊은 산속, 디지털도 AI도 없는 세상에서 누릴 수있는 호사 아닌가. 하지만 지금 당장 심산유곡(深山幽谷)에 들어가 세상을 멀리하고 살 수는 없다.

인구 1,000만 명이 넘는 메가시티에서 디지털 기술은 청정 환경을 구현하는 데 가장 핵심적 요소다. 도시를 구성하는 기본 요소로 '도로와 주거, 그린, 디지털 그리고 인간'을 꼽는데, 디지털은 5가지 기본 요소를 유기적으로 연결시켜 스마트 시티를 만드는 열쇠이기 때문이다.

서울은 글로벌시티다. 도시경쟁력을 평가하는 글로벌 파워시티 지수를 보면 서울은 런던, 뉴욕, 도쿄, 파리에 이어 7위를 차지하고 있다. 그런데 환경과 주거 부문에서는 48개 도시 중 34위로 뚝 떨어진다. 주택 문제와 환경 정책에 한참 뒤처져 있는 것을 알 수 있다.

이제는 환경 문제에 주목해야 한다. 주거도 환경과 함께 풀어야 할 요소다.

나는 2015년 처음 서초구청 조직을 개편하며 '푸른환경과'를 만들었다. 푸른환경과는 신설 조직으로 '그린'을 핵심으로 삼았다. 이미 사회적 재난으로 규정된 미세먼지와 초미세먼지 문제로 경제 성장을 위해 환경 파괴를 감수했던 시대를 뒤로하고 이제 환경을 살려야만 더욱 풍부한 삶을 살 수 있다는 인식을 갖게 되었다.

푸른환경과에서는 친환경 인테리어를 현장에 적용할 수 있는 '그린 인테리어 교육'을 인테리어 사업자뿐 아니라 일반 시민 누구나 참여할 수 있도록 개방했다. 사단법인 한국건물에너지기술원과 함께 무료로 진행한 이 교육 프로그램에서는 △환경과 그린 건축 △친환경 건설자재 인증 제도와 적용 사례를 소개했다. 이 교육을 이수한 사업자 가운데서 우수 업체를 선정해서 서울시 우수 업체 마크를 받을 수 있도록 했다.

도시 개발로 파괴된 녹지를 되살리고, 미세먼지 없는 맑은 공기를 되찾기 위해서는 첨단 디지털 기술과 도시 내의 다양한 빅데이터를 활용하는 스마트 시티를 만들어야 한다. 나는 2020년을 환경 4.0의 원년으로 선언하고 그린서초 프로젝트를 본격 가동했다.

해마다 심각해지는 미세먼지, 초미세먼지 때문에 바깥 나들이를 하지 못하면서, 공공시설의 실내 공기 질을 어떻게 맑고 깨끗하게 유지할 것인지가 무엇보다 중요해졌다. 미세먼지와 초미세먼지 문제는 서초구만의 문제도 아니고 서울만의 문제도 아니다. 국경을 넘어 확산되는 환경 위험에 맞서 '깨끗하고 안전한 공간'을 위한 선제적 대응 체계를 구축할 필요가 있다.

공기를 통해 전파되는 환경오염 물질에 대한 우려가 커질수록 공기의 질을 관리하는 문제가 대두되었다. 이는 그린서초 프로젝트의 핵심 과제다. 스스로 말하기는 좀 멋쩍지만, 정말 선제적 대응으로 시작해서 천만다행이다. 프로젝트를 준비할 때만 해도 코로나19 바이러스가 이렇게 전 세계를 휩쓸고 우리의 일상을 완전히 바꾸어놓을 줄 몰랐다. 프로젝트를 시작한 2020년 5월은 이미 코로나19 확산으로 실내, 실외 모두 안전하지 않다는 것이 확인되었다. 많은 사람이 이용하는 시설은 방역 단계에 따라 거의 문을 닫았다.

그린서초 프로젝트의 핵심은 많은 사람이 이용하는 실내 공간의 공기 질을 상시 모니터링하여 기준에 맞는 깨끗한 공기 질을 유지하는 체계를 구축하고, 지역 내 모든 시설에 '그린안심존'을 만드는 것이다. 우선 시민들이 많이 이용하는 시설의 실내 공기 질을 관리할 수 있도록 세부 기준을 세우고, 어린 아기들, 이들과 함께 있는 엄마, 호흡기 관련 질병에 취약한 어르신들이 많이 찾는 곳을 포함해 다중이용시설 239곳을 선정했다.

그런데 이런 일은 행정 기관 단독으로 해낼 수 없다. 민간과 학계의 전문가들이 참여해 협업해야만 한다. 기후변화와 환경문제 전문 시민단체 '우리들의 미래'와 기상정보기업 '케이웨더' 그리고 학계에서는 '카이스트 지속발전센터'와 업무 협약을 맺어 협력 체계를 구성하고, 코로나19의 장기화에 대비한 업그레이드 인증 기준을 만들었다.

어린이, 여성, 중장년, 어르신 등 공간을 이용하는 분들에 따라, 또 이들의 활동 특성에 맞춘 공기 질 기준을 마련하기 위해 각 분야의 환경 전문가 16명으로 '그린서초 정책자문위원회'를 구성하고 전문가 온·오프라인 회의 및 자문 회의를 열었다.

전문가가 아닌 일반 시민들이 쉽게 이해하고, 동참할 수 있도록 '미세먼지 NO! 바이러스 NO! 깨끗한 안심 공간'이라는 슬로건을 걸고 '그린안심존'을 만들었다. 이곳에는 실내 공기 질 측정기를 설치해서 공기 속 세균과 부유물 특성 등 데이터를 수집하는 상시 모니터링 체계를 구축했다. 현재(2020.11)까지 160대를 설치했고, 이미 측정기가 설치되어 있던 어린이집 79곳에 대해서는 더욱 정밀한 측정기로 업그레이드하고 있다.

미세먼지와 초미세먼지에 대비하기 위해 시작한 그린서초 프로젝트는 코로나19 시대에 주효했다. 많은 시민이 이용하는 공공시설의 안전성을 한층 높이고, 코로나19 확산 때문에 집 안에 갇힌 분들의 숨통을 틔워드리는 데 활용된 것이다.

"세상은 코로나19 이전과 이후로 나뉠 것"이라고 토머스 프리드먼이 쓴 것처럼, 코로나19의 전 세계적 확산은 21세기 인류의 삶을 단숨에 바꾸어놓았다. 학교에 갈 수도 없고 도서관, 미술관, 박물관, 극장 같은 문화예술 시설은 물론, 병원에도 자유롭게 갈 수 없다. 결혼식도 장례식도 예전 같이 할 수 없다.

확산이 심해지면 심지어 직장에도 갈 수 없다. 비대면이 일반화되는 것이다. 보이지 않는 바이러스가 언제, 어디서, 어떻게 나를 공격할지 모른다는 불확실성 그리고 내가 나도 모르게 누군가에게 질병을 옮길 수 있다는 책무감에서 발생하는 두려움은, 우리의 모든 행동을 제약한다. 그럼에도 불구하고 우리는 멈추지 않고 일상을 살아가야 한다. 동시에 감염의 위험을 막아야 하는 과제가 주어진 것이다. 이 과제를 어떻게 현명하게 해결할 것인가. 한 사람 한 사람의 지식이나 도덕성, 사회적 책임감에 기대기에는 현실이 너무 가파르다.

지난봄 코로나19로 잇따른 집단감염이 일어나면서 공공 도서관, 미술관, 공연장 같은 다중 이용 시설의 문을 닫아야 했다. 정부의 방역 지침에 따라 지역의 공공시설들은 사실상 셧다운(Shutdown·폐쇄)되었다. 오전이면 자녀를 학교에 보낸 엄마들로 북적이던 도서관과 북카페에도 '이용 중단' 팻말을 내걸었다. 솔직히 공공 기관이 문을 닫아도 직원들은 문제가 없다. 하지만 공연·전시를 준비했던 예술가들은 당장 생업이 끊겼고 참새 방앗간처럼 북카페를 들르던 시민들은 졸지에 갈 곳 없는 처지가 되고 말았다. 너무 마음이 아팠다.

장기간 공공시설을 휴관하자 사회적 돌봄도 공백 상태가 되었다. 숨 쉬는 공기처럼 누리던 문화 복지 수요를 생각할 때 더 이상 폐쇄를 유지하기 어려운 시간이 다가왔다. "고립에 숨 막힌다. 이제는 문을 열어 달라"는 목소리와 "공공의 이익을 위해 아직은 문을 열 때가 아니다"라는 목소리 사이에 그린서초 프로젝트가 열쇠 노릇을 톡톡히 했다.

방역 당국은 공기를 통해 감염되는 것을 막는데 가장 간단하면서도 효과적인 방법으로 '환기'를 강조했다. 질병관리본부와 세계보건기구(WHO)에 따르면, 밀폐된 공간에서 시간당 30%의 공기를 갈아주는 것만으로도 감염 위험이 20%로 떨어지는 효과가 있다고 한다.

최소한 구 차원에서 관리할 수 있는 지역 내 공공·다중이용시설에 대해서만큼은 온전히 안심하고 이용할 수 있도록, 서초구의 이름을 걸고 청정 실내 공간을 인증·관리하기로 했다. 디지털 기술을 활용한 스마트 시티를 작동하기 시작했다. 어린이집, 도서관, 어르신쉼터 등 공공시설 등에 IoT 기반의 실내 공기 질 측정기를 가동하고, 공기 질 데이터를 상시 모니터링하면서 위해 요소를 제거하고 깨끗한 공기 질을 유지하도록 했다.

실내 공기가 깨끗하게 유지되고 있는지 측정하는 데 IoT를 이용하는 한편, 데이터 결과에 따라 살균·소독 등 방역을 결합한 복합적인 위생 관리를 시행하는 포스트코로나형 '청정 공간'을 유지하는 것이 그린서초 프로젝트의 핵심이다.

해당 시설은 365일 24시간 내내 공기 질 모니터링이 이뤄진다. 미세먼지와 부유 세균 등 공기 속 유해 요소를 실시간으로 측정하고, 측정값은 즉각 피드백을 통해 자동으로 환기 장치가 움직인다. 오염 기준에 이른 실내 공기를 즉시 배출하고 깨끗한 공기를 실내로 공급하는 방식이다.

그린서초 프로젝트는 지금까지 성공적으로 진행되고 있다. 무엇보다 IoT와 연결된 상시 측정과 모니터링을 통한 공기의 질 관리가 실현된다는 점에서 앞으로 서울시 전체에 바로 적용해볼 수 있을 것으로 기대한다. 그린서초 프로젝트는 공공시설마다 한 달간 수집한 공기 질 측정값을 바탕으로, 일정 기준 이상 깨끗하게 공기 질을 관리하는 시설에는 '그린안심존' 인증을 부여한다.

인증은 6개월간 유효하며, 반기별로 인증 연장 여부를 철저히 재검토한다. 그뿐만 아니라 그린안심존의 환기량, 소독 주기, 실시간 공기 상태 등 모든 정보는 홈페이지와 모바일 앱에서 실시간으로 공개한다. 그린서초 프로젝트를 환경 4.0 정책으로 부르는 이유는 바로 이처럼 데이터 수집과 피드백, 관련 정보를 투명하게 실시간 공개하는 행정의 전 과정을 디지털 기술과 스마트 방식으로 시행하기 때문이다.

그린서초 프로젝트는 이제 출발이다. 현재는 공공시설 중심으로 진행되고 있지만, 앞으로 범위를 넓혀 민간 다중 이용 시설에서도 참여할 수 있도록 할 계획이다. 서초에서 시작한 환경 4.0시대가 서울 전역을 넘어 대한민국의 모든 실내 공간을 안심하고 숨 쉴 수 있는 그린안심존으로 만들 수 있기를 기대해본다.

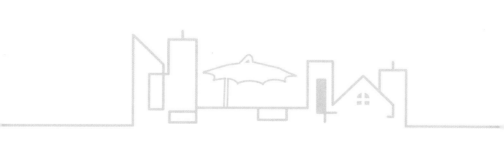

희망으로 밝은 미래를 열다

〈기생충〉 가족에게도 와이파이는 필요하다

·

"아, 망했다 이거. 공짜 와이파이 못 쓴다 이제."

"뭐야 그럼. 문자고 카톡이고 다 안 되는 거야?"

영화 〈기생충〉 첫머리에서 나오는 장면이다. 반지하 방에서 사는 남매가 와이파이 신호를 잡기 위해 휴대전화를 들고 이리저리 헤맨다. 그러다 급기야 화장실 변기에 걸터앉아 창 쪽으로 휴대전화를 치켜들며 안간힘을 쓴다. 칸 영화제 황금종려상에 이어 미국 아카데미 영화상 최우수 작품상까지 휩쓴 봉준호 감독의 〈기생충〉을 본 분들은 이 장면에서 아마 씁쓸한 미소를 머금었을 것이다.

나도 그 영화를 두 번이나 보았다. 가난을 그보다 더 선명하게 상징적으로 드러낼 수 있을까 싶었던 장면이 남매의 와이파이 소동이었다. 웃픈 이 장면은 이전 사회에는 없던 디지털 '가난'과 '소외'를 단적으로 보여준다.

이제는 거의 모든 정보와 소통은 인터넷을 통해 이뤄지고 있고, 디지털 환경에 대한 접근성이 삶의 질과 직결되는 세상이 됐다. 세상의 변화에 따라 공공영역에서도 디지털로 전환하는 게 무엇보다 중요해졌다.

　하지만 디지털 세상이 된 것이 모두에게 축복은 아니라는 것을 영화 〈기생충〉을 보면 알 수 있다. 단순히 눈에 보이는 공공 인프라뿐만 아니라 눈에 보이지 않는 디지털 인프라를 조성하는 것이 미래 사회를 준비하는 노력이자 시민 복지를 위한 필수 요소가 된 것이다.

　그런 의미에서 나는 서초구가 임차해서 쓰던 광대역통신망을 자가통신망으로 전환하는 사업을 단행했다. 자가통신망을 구축하려면 비용도 많이 들고 시간도 많이 든다. 자가통신망 구축 비용을 당장 가시적인 효과가 드러나는 다른 사업에 쓴다면 큰 인기몰이를 할 수도 있을 터다. 실제로 이전까지 자가통신망이 적극적으로 구축되지 않았던 것도 이와 무관하지 않다. 자신의 임기 내에는 눈에 보이는 가시적인 성과를 볼 수 없는 사업에 막대한 예산을 쏟아 붓기가 쉽지 않았던 것이다.

　여러모로 부담이 있는데도 광대역 자가통신망을 구축하겠다고 결정한 건, 디지털 인프라 구축이 어떠한 복지 지원보다 더 효능이 크다고 판단했기 때문이다. 당장 생색은 나지 않더라도 시민들이 얼을 광범한 효용과 미래를 생각하면 공공 영역에서 자가통신망을 반드시 구축해놓아야 한다는 책임감이 들었다. 님트(Not In My Term), 곧 자신의 임기 내에는 안 하려고 하는 자세로는 디지털 시대를 준비해나갈 수 없다.

결국 선택의 문제다. 미래를 위해 53억 원을 들여 204킬로미터에 이르는 자가통신망을 구축했다. 자가통신망을 구축한 이후로는, 결과적으로 지역 내 방범, 주정차단속 등 CCTV망과 로라(LoRa)망, 와이파이망 등 첨단 정보통신기술을 제공할 서비스망 등을 이용하는 데 있어서 연간 12억 원의 통신요금을 절감하게 됐다. 예산 절감뿐만 아니라 로라망, 와이파이망을 통한 복지 서비스가 가능한 영역도 훨씬 다양해졌다.

로라망은 롱레인지(Long Range)의 머리글자를 딴 용어로 IoT 통신망이다. 소량의 중계기로 관내 전체를 커버할 수 있으며, 특히 다양한 센서(감지기) 기반의 통신에 매우 적합하다. 로라망을 통해 지방자치단체가 야외 지역 어디서든 센서 인식을 활용한 복지 서비스를 할수 있다.

예를 들면 자가통신망을 기반으로 한 로라망을 통해서 독거노인, 치매노인들을 위한 서비스가 가능하다. 로라망은 실내 조도, 움직임 등 감지 정보를 통해 노년층 어르신들의 고독사를 방지하는 독거어르신 안심 서비스, 치매로 인해 길을 잃을 때를 대비한 위치 파악 안심 서비스, 아이들을 위한 안심 서비스와도 연동할 수 있다.

단순히 생활 편의만을 지원하는 것이 아니라 건강과 안전과도 직결되는 역할을 수행한다. 서초구는 로라망을 활용해 '미세먼지 세밀 측정 시스템'을 구축했다. 서초구 곳곳의 측정기에서 수집한 미세먼지, 초미세먼지, 온도, 습도, 소음, 아황산가스, 이산화질소, 일산화탄소, 자외선, 오존, 풍향, 풍속에 관한 정보는 스마트폰 앱인 '서초 스마트시티' 앱에서 즉시 확인할 수 있다. 이는 기후환경 위기 속에서도 시민들의 건강을 유지하고 안심시키는 데 유용한 자료가 될 것이다.

로라망을 119나 112와 연계한 통합 플랫폼을 구축하면 외부의 무단 침입이나 화재 발생 시 자동으로 신고가 접수된다. 이용자가 따로 이용료를 낼 필요가 없기 때문에 비용 없이 안전 시스템 구축이 가능한 것이다.

또한 내년에 구축 예정인 초고속무선인터넷(Wi-Fi 6)은 〈기생충〉의 기택·기정 남매처럼 휴대전화를 치켜들고 구석구석 와이파이를 찾아 헤매지 않아도 얼마든지 초고속 및 고품질의 무료 와이파이를 쓸 수 있는 장치다.

만일 서울 전역이 로라망으로, 또 공공 와이파이로 연결되면 시민들은 비용 걱정 없이 디지털 복지 환경을 누리는 것은 물론 미래 경쟁력을 갖추는 데 큰 도움이 될 것이다.

우리나라를 찾는 외국인들이 놀라는 것 중 하나가 와이파이 무료 서비스다. 특히 서울의 지하철 안에서도 와이파이 서비스가 제공되는 데 부러운 표정을 감추지 못한다. 몇 년 전 영국 공영방송 BBC는 런던 지하철과 세계 지하철을 비교하면서 서울 지하철의 와이파이 서비스를 세계 최고 시스템으로 평가했다.

미국 CNN도 이를 세계에서 가장 훌륭한 지하철 시스템으로 소개하기도 했다. IT 강국 대한민국의 역동적인 이미지는 이런 데서 비롯된다. 어디서나 잘 통하는 와이파이 서비스망은 해외 관광객들이 서울을 찾는 중요한 문화관광 인프라이기도 하다. 그 점에서 최근 서울시에서 스마트 서울 네트워크 프로젝트의 일환으로 '공공 와이파이6' 사업을 추진하는 것은 환영할 만한 일이다.

미래의 스마트 시티로 가기 위해서는 기반 인프라를 잘 구축해 날로 심화되는 통신 격차를 해소하는 디지털 복지사업이 중요하다. 디지털 기술은 밝은 미래를 설계하는 생활 행정과 결합하여 스마트 시티를 만드는 데 필수 요소다. 스마트 시티는 커넥티드 시티(연결 도시)이다. 커넥티드 시티의 맥박을 뛰게 하려면 공공와이파이와 로라망이 필수인 이유다. 디지털 취약 계층인 어르신들에게는 더욱 그렇다.

특히 코로나19로 재택근무나 화상회의 등 통신을 활용한 비대면 소통이 일상화되면서 통신망은 생존에 필수 요소가 됐다. 과학기술

정보통신부에 따르면 코로나19가 확산된 2020년 3월, 이동전화 무선데이터 트래픽(사용량)이 처음으로 60만 TB를 넘어섰으며, 7월에는 68만 TB를 넘어서며 역대 최고치를 매월 경신하고 있다.

온라인 영상, 인터넷, SNS, 무인기기 등 비대면 서비스 이용 증가에 따라 급증한 것으로 나타나며, 이는 일시적인 현상으로 보기는 어렵다. 시대 흐름이 코로나19로 좀 더 가속화됐을 뿐이다. 더 이상 지체해서는 안 된다.

눈앞에 다가온 AI와 IoT, 스마트 시티, VR, AR, 자율주행 등 핵심 기술들이 융합되는 시대를 준비하기 위해서, 새로운 산업 분야의 글로벌 경쟁력을 높이기 위해서도 통신망 구축은 필수적이다.

스마트한 시니어 만들기

•

반가운 후배를 만나 카페에 들렀다. 문을 열고 들어서자 종업원은 한 명만 있고 대신 키오스크가 설치되어 있었다. 우동 가게에도, 햄버거 가게에도 키오스크가 설치된 것을 이미 봤지만 실제로 주문해 보기는 처음이었다.

뭐 이쯤이야, 하면서 화면을 터치했다. 하지만 키오스크로 주문하는 일은 생각보다 만만치 않았다. 어떤 버튼을 눌러야 내가 원하는 커피를 택할 수 있을지, 카드 결제와 포인트 적립은 또 어떻게 하는 건지, 한참을 더듬거리다 겨우 주문을 마쳤다. 뒤에 기다리는 사람이 신경 쓰여 찬찬히 잘 고르지도 못했다.

후배와 둘이 겸연쩍은 미소를 짓다가 문득 어르신들 생각이 났다. "내가 이렇게 어려우면 어르신들은 오죽할까?" 인기 유튜버 박막례 할머니가 '막례는 가고 싶어도 못 가는 식당'이라는 동영상을 올린 것이 떠올랐다. 키오스크를 앞에 두고 쩔쩔매다가 우여곡절 끝에 햄버거 하나를 손에 쥐는 것을 보고 마음이 짠했다. 그런데 내가 바로 그 박막례 할머니나 다름 없었다. 그 일을 계기로 어르신에게 키오스크 교육과 휴대전화 필수 앱 사용법 등을 가르쳐드리는 스마트시니어 사업을 시작했다.

어디 식당의 키오스크뿐인가. 무인화, 자동화가 빠른 속도로 진행되면서 곳곳에서 '디지털 약자'들을 양산하고 있다. 중노년에 접어들어 디지털 시대를 맞은 분들이 주로 문제다. KTX나 SRT처럼 쾌적한 고속전철에서도 스마트폰 앱으로 승차권을 파는데 앱 사용에 익숙하지 않은 어르신들은 기차역 창구에 줄을 선다. 주말이나 이동이 많은 때에는 기차표를 구하지 못하는 일이 다반사다.

고속버스도 마찬가지다. 디지털 문맹은 기술 문제를 따라가지 못하는 상황일 뿐인데, 자존심이 상하는 건 물론이고 실생활에도 이만저만 불편한 게 아니다. 우리나라는 이미 인구의 14% 이상이 65세 이상인 고령사회로 진입했고 2026년에는 초고령 사회에 들어선다. 1인 가구의 급증 속도만큼이나 빠른 사회 변화다.

하지만 사회는 아직 변화를 받아들일 준비가 안 되어 있다. IT와 AI를 바탕으로 한 4차 산업혁명 시대가 열렸고 세상은 빛의 속도로 변하는데 만 55세 이상 장노년 층의 디지털 정보화 수준은 국민 평균의 63.1%에 그친다. 21세기 세상에서 20세기 방식으로 살아가는 건 정말 피곤한 일이다.

2019년 한 항공사가 키오스크를 이용하지 않고 카운터에서 탑승권을 발권하는 승객들에게 별도의 발급 수수료를 부과하기로 하면서 '디지털 소외 계층'인 어르신들에게 부담을 전가한다는 비판 목소리가 쏟아졌다. 디지털 사회에 적응하기 위한 준비는 없고 디지털 격차로 자존심을 상하게 하고, 실제로 경제 부담마저 높인다는 이유에서다.

스마트 시니어 사업은 어르신들의 자존심을 생각하면서 출발했다. 지난 한 시절 그들의 전성시대에 첨단을 살았던 분들이다. 고작 스마트폰과 키오스크 때문에 먹고 싶은 음식을 못먹고, 꼭 필요한 기차표를 못 산다는 것이 말이 되는가. 스마트 시니어 IT 체험존을 만들고 스마트 시니어 프로그램을 시작했다.

출발은 키오스크 교육과 스마트폰 앱 사용 교육이었다. 먼저 전국 최초로 키오스크 교육 프로그램을 어르신 눈높이에 맞게 자체 개발하고, '서초톡톡C'를 개발해 특허 등록도 마쳤다. 교육은 완전 실전형! 패스트푸드 주문하기, 음료 주문하기, 영화 티켓 발권하기, 고속버스 티켓 발권하기, 민원서류발급기 이용하기, 은행 ATM 이용하기 등 생활 속에서 활용도가 높은 분야를 선택하여 진행했다.

교육장에 키오스크를 세우고 화면을 따라 음식을 주문하는 연습을 했다. 자존심 회복의 첫 단계였다. 다음은 스마트폰 까막눈 탈출 작전! 스마트폰에 앱 설치하는 것부터 시작해서 지도 앱 보기, 카카오택시 호출하기, 유튜브 검색 등 실생활에 당장 필요한 것부터 시작했다.

수업은 소수 인원으로 강사를 2명씩 투입했다. 강의와 질문에 대한 답을 바로 할 수 있어 교육 효과도 높았다. 아무리 좋은 교육도 먼 데서 하면 소용없다. 스마트폰 이용 교육은 노인종합복지관 3곳, 내곡느티나무쉼터, 서초구 IT교육센터, 각 동의 주민센터 등 모두 23곳에서 진행했다.

IT 체험존을 만들어, 로봇체험존에서는 치매예방 프로그램이 탑재된 로봇과 게임을 통해 인지 훈련을 하고 VR 체험존에서는 쥐라기 공원, 해저탐험 등의 가상체험을 한다. 어르신 스스로 앵커가 되어 실시간 라이브 방송을 하고, 스마트폰으로 촬영한 내용을 유튜브에 업로드하는 유튜버 체험 프로그램도 운영했다.

한 달 만에 350명이 참여했고 넉 달 동안 모두 1,500명의 어르신이 스마트 시니어로 변신했다. 2020 '정보격차 해소지원' 우수 사례로 선정되어 전국의 지자체와 공공기관에서 벤치마킹하고 있으며 한국정보화진흥원, 서울시 노인복지관협회와 협약을 맺어 전국 60여 개 기관에서 서초구청에서 개발한 프로그램으로 스마트 시니어 교육을 시행하게 되었다.

상 받는 것보다 더 기쁘고 보람 있는 것은 어르신들의 감사 문자를 받는 일이다. 디스플레이 기기를 머리에 쓰고 가상현실에서 미국 나이아가라 폭포와 남극, 우주 구경을 한 어르신이 문자로 감사의 마음을 전해왔다. "저는 요즘 참 행복합니다. 죽어서도 못할 구경을 했습니다. 미국도 갔고 남극도 가 보고 우주도 가 봤습니다. 자식들도 못 해주는 호강을 서초구가 해줬습니다. 우리 노인들을 위해 노력해주시는 구청장님 선생님들 참 감사합니다. 누가 우리를 이렇게 데려 다니면서 구경시켜 주겠습니까? 서초구에 살아서 행복합니다." 철자법을 틀려가면서도 정성 들여 쓴 문자를 받으니 마음이 짠해지면서 오히려 죄송스러웠다. 조금만 챙겨드려도 이렇게 좋아하시는데 진즉에 왜 못 챙겼을까 하는 자책감까지 들었다.

키오스크 교육을 받은 어느 어르신은 이런 문자를 보내셨다. "그동안 터미널이나 극장 햄버거 집에서 창구에 직원이 없으면 두려웠는데, 이젠 당당히 가서 자신 있게 이용하고 있습니다. 구청장님의 배려로 새로운 세상을 맞이하고 있습니다." 지난봄 '마스크 대란' 때

받은 문자도 있다. "할마 할빠 유튜브 채널에 업데이트된 정보를 보고 마스크를 구했어요. 손주들이 깜짝 놀라네요!" 청년들은 공적 마스크 잔여 수량을 약국별로 확인하는 앱을 통해 구매하지만 어르신들은 동네 약국을 발로 찾아다니다가 마스크도 못 사고 기운만 빠지던 때였다. 스마트 시니어 교육을 통해 스마트폰 앱 사용법을 배운 덕에 젊은 손주 손녀보다 더 빨리 마스크를 구한 어르신이 신나서 자랑 겸 감사 겸 문자를 보내주셨다.

나의 키오스크 낭패감이 이렇게 어르신들의 자신감으로 이어지는 데 긍지와 보람을 느낀다. AI 시대에 우리 어르신들이 디지털 소외계층으로 밀려나지 않도록 스마트 시니어 프로그램을 더 다양하고 풍성하게 만들어야겠다고 다짐해본다.

공공기관도 구글처럼

•

2020년 1월 7일 신년의 들뜬 분위기를 뒤로하고 나는 미국 라스베이거스로 날아갔다. 세계 최대의 가전제품 박람회인 CES(Consumer Electronics Show)에서 우리의 일상생활을 바꿔나가는 미래의 첨단기술과 제품들을 살펴보기 위해서였다.

'일상으로 들어온 AI'(AI in everyday life)를 주제로 열린 CES 2020

에 나는 우리나라 기초지방자치단체장으로는 유일하게 참석했다. AI, 로봇, 드론, 미래 자동차 등 최첨단 기술과 전자제품들을 보는 것은 충격의 연속이었다. 서초를 스마트 시티로 선언한 것이 2017년이니, 첨단 기술에 대한 관심이 일찍이 있었다고 자부해왔지만 우물안 개구리 같다는 생각이 들었다.

CES는 미래를 현재의 내 집에 들여다놓는 혁신의 전장이었다. 상상이 이미 일상이 되어 있는 것을 보며 놀라움과 함께 한편으로는 마음이 아프고 씁쓸했다. 이렇게 세계는 4차 산업혁명을 겪으며 일상에서 미래를 구현하고 있는데, 대한민국의 정치는 과거에 얽매여서 세계 흐름과 너무 다르게 가고 있는 건 아닐까.

AI와 IoT, 로보틱스, 모빌리티는 미래 기술이 아니라 이미 현실이었다. 미래는 멀리 있는 것이 아니라 바로 우리의 집 앞에까지 와 있었다. 드론 택시, AI를 이용한 디지털 의료, 스스로 요리하는 로봇 셰프 등 정말 할리우드 공상과학 영화에서나 봄직한 기술들이 일상에서 실현되고 있었다.

IT 전문가가 아닌 내 눈에도 전시 내용 중 몇몇은 당장 생활 밀착형 스마트 시티에 접목할 만한 실용 기술이 보였다. 예를 들어 수압을 이용한 구강세정기는 거동이 불편한 어르신들에게 큰 도움이 될 것 같았다. 요양원이나 장애인 요양보호시설에 설치하면 어르신들이 치아 관리를 제대로 못해서 생기는 합병증을 예방하고 시설을 운영하는 분들, 돌봄 노동을 담당하는 분들에게도 큰 도움이 될 것 같았다.

교통 관리 분야에서는 스마트주차 솔루션이 눈에 띄었다. 어느 주차장에 빈 자리가 있는지 검색하는 것은 물론, 비용 결제와 시설 이용 문제 등을 쉽게 해결할 수 있는 기술이었다. IoT 물 센서를 활용한 수질 분석기기는 어린이집과 요양원, 체육 시설 등에 바로 적용할 수 있을 것 같았다. 게임 기술과 AI를 융합한 인지 재활훈련 프로그램은 당장 늘봄 카페와 늘봄스토어, 장애인과 어르신 요양센터에 적용할 수 있는 내용이었다.

CES 2020에서 돌아와 나는 많은 사람을 만났다. IT와 빅데이터로 초연결된 스마트 도시는 현재 우리 기술 수준에서도 구현 가능하다는 사실을 알았다. 이런 기술 변화와 초연결 생태 변화를 소화하지 못하는 원인은 기존 관점에서 해석하는 규제 때문이다.

전 세계에서 '공유 경제'의 상징인 우버가 활황인데 한국에서는 타다가 불법이 되지 않았는가. 실생활에 미래 기술을 적용하는 것은 지금 당장도 가능하다. 발달장애아동과 인지장애 어르신을 위한 VR 게임 기반의 재활훈련 프로그램, IoT 센서를 활용한 수질분석 기기, 실시간 주차장 검색과 비용 결제 가능한 스마트주차 솔루션은 스마트 시티가 미래의 환상이 아니라 지금 당장 누릴 수 있는 현실임을 보여준다.

빅데이터를 활용하여 국공립 어린이집 부족 문제도 해결의 실마리를 찾았다. 국공립 어린이집은 어린 자녀를 둔 부모들에게 매우 선호도가 높지만 입소 대기 기간이 길어 불만이 컸다. 아기를 임신하자마자 대기 명단에 올렸는데 두 돌이 지나도 자리가 안 난다는 불평도 있었다.

취임 후 국공립 어린이집을 32개에서 80개로 늘렸는데도 문제가 해결되지 않아 근본 원인을 찾아보니 수급불균형이 문제 중 하나였다. 그래서 지역별 연령별 빅데이터를 활용해서 어린이집을 영유아·영아·유아 전담으로 나누고, 공동입소 시스템을 만들고 반 편성과 프로그램 공유 등으로 공유보육 시스템을 운영했다. 그렇게 국공립과 민간·가정 어린이집을 하나의 공동체로 묶어 신개념의 '서초형 공유어린이집' 제도를 전국 최초로 운영했더니 1년 만에 입소 대기가 40%나 줄었다. 정원 충족률이 95.4%로 상승하고 부모님들의 만족도도 크게 높아졌다.

AI와 함께 여는 '밝은미래'

세 번의 기회

•

서초구에는 '밝은미래국'이라는 조직이 있다. 2017년 초 조직을 개편하면서 신설했다. 조직 명칭이 튄다는 반응이 많았지만 그렇게 이름을 지어야 할 이유가 있었다. 행정조직은 보통 문화행정국, 안전교통국 등 이런 식으로 업무 내용을 부서명에 반영한다. 이게 점잖고 무게가 있다고 생각한다. 하지만 우리의 미래는 '밝은 미래'이어야 하고, 그러기 위해서는 과거의 틀에 갇혀서는 안 된다. 더구나 창의적인 조직이 되려면 관행을 벗어버리고 이름에 비전을 담아야 한다는 것이 내 생각이었다.

'밝은미래국'은 누구든 인생에 세 번의 기회가 주어져야 한다는 믿음에서 출발했다. 금수저 흙수저라는 말에도 주눅이 들지 않도록 아이들에게 공정한 출발의 기회를 주기 위해, 'N포 세대' 젊은이들과 사업 실패로 좌절하는 청장년에게는 재기의 길을 열어주기 위해,

100세 시대 어르신들에게 스마트 시니어가 되어 활기찬 인생을 누리도록 하기 위해 만들었다. 마침 행안부에서 조직을 신설할 수 있도록 규정을 바꿔주는 행운도 따랐다.

새로운 조직도를 스무 번 이상 수정하기를 반복하면서 거의 1년 가까이 고심을 거듭했다. 2018년 1월 1일, 30년 만에 지방자치단체의 기본 구조를 바꾸는 첫걸음을 내디뎠다. 전국 최초, 전국 유일의 '밝은미래국'은 그렇게 태어났다. 더 많은 사람에게 쉼 없이 도전하고 재기할 수 있는 기회를 제공하고, 출생에서부터 아동, 청장년, 노년까지 생애 주기별로 맞춤형 복지를 체계적으로 지원하는 업무를 담당한다.

저출생과 청년실업, 고령화 문제, 양극화 등 우리 시대의 구조적 모순과 실패들을 좀 더 포괄적 관점에서 '밝은 미래'라는 키워드로 풀어보자는 취지다. 금수저 흙수저, N포세대, 사오정과 오륙도 같은 프레임에 갇혀 좌절하고 있는 이들에게 새롭게 시작할 기회를 제공하고, 우리 모두가 바라는 밝은 미래를 준비하는 일을 한다.

사업에 실패한 전직 사장님이 끼니를 위해 일하러 나갔다 허리를 다쳤다. 가정은 깨졌고 혼자 지내던 월세방은 가스비를 못 내 난방도 끊어졌다. 극단적 선택이 눈앞에 어른거리던 중 가스검침원이 그분의 사정을 구에 알렸다. 긴급 복지지원과 차상위 계층을 위한 자활 프로그램을 통해 그는 지금 지역자활센터 세탁사업단에서 일하며 절망의 수렁에서 벗어나고 있는 중이다. 이 일을 맡은 부서가 밝은미래국이다. 누구나 실패할 수 있다. 실패가 삶의 종착점이 되지 않도록 재기를 돕는 것은 한 생명뿐 아니라 그가 속한 가정을 살리는 일이고, 가정이 속한 공동체의 많은 사람에게 희망을 선사한다. 쓰러져도 다시 일어설 기회가 많을수록 유연하고 역동적인 사회다. 밝은미래국은 이런 일을 위해 신설되었고, 출산율을 높이는 가족 정책, 스마트 정책을 추진하는 지역 경제, 일자리, 취약 계층 아동·청소년, 어르신 복지 등을 모두 포함한다. 신설된 지 2년이 채 못 되었으나, 꽤 굵직굵직한 성과를 내고 있다.

1인 가구를 위한 싱글싱글 프로젝트와 취약 계층 아동·청소년을 위한 서리풀 샘 사업, 지능형 CCTV 및 AI로봇과 연계한 스마트 사업, 블록체인 아카데미, 어르신의 디지털 능력 향상을 위한 스마트 시니어 사업, 동물사랑센터는 시행 첫해부터 시민들의 엄청난 호응을 받았다. 올봄 코로나19 감염병이 확산하면서 방역과 관리에 비상이 걸린 상태에서, 밝은미래국은 지능형 CCTV를 활용한 확진자 동선 파악, AI로봇이 실시하는 발열체크 등으로 탁월한 업무 성과와 효율을 증명해 보였다.

AI를 활용한 안전 시스템은 스마트 시티, 커넥티드 시티에서 누릴 수 있는 디지털 기술의 생생한 효과를 보여준다. 어두운 밤, 후미진 골목에 수상한 움직임을 보이는 사람이 있다. 특별한 목적지도 없는

듯, 벌써 몇 분째 흘끔흘끔 골목 이곳저곳을 살펴보고만 있다.

서초25시통합관제센터의 안전 경고 AI 시스템에 경고 알람이 울린다. 서초구 내 3,500여 대 CCTV와 결합한 AI 기술로, 현재 카메라에 잡힌 상황과 범죄 통계 정보를 분석해 즉시 우범률을 계산해 센터로 알려준다. 이 시스템에는 앞으로 더욱 정밀한 분석을 위해 법원 판결문 2만 건에 해당하는 분석 데이터와 범죄 영상 자료도 함께 접목시킬 계획이다. 전자발찌를 착용한 성범죄 전과자의 이동 경로를 분석해 바로 포착하는 기술도 개발하여 더욱 정밀한 시스템으로 안전한 도시를 만들도록 노력하고 있다.

1인 가구만 그런 건 아니겠지만, 혼자 사는 분들이 각별히 우려하는 점이 범죄로부터의 안전이다. 서울에는 공공기관에서 설치한 CCTV만 해도 2019년 현재 115만 대(2020 행정안전통계연보)에 이르고, 민간에서 설치한 CCTV, 차량용 블랙박스까지 더하면 공공CCTV가 미치지 못하는 곳까지 구석구석 24시간 가동되고 있는 셈이다. 하지만 설치한 지 오래되어 육안으로 내용을 식별하기 어려운 CCTV도 많고 사후 확인만으로는 범죄 예방 효과를 얻기 어려운 현실적인 한계도 있다.

미국 드라마 팬이라면 〈퍼슨 오브 인터레스트〉 시리즈를 기억하는 분들이 계실 것이다. '요주의 인물' 정도로 번역되는 이 드라마는 CCTV 데이터를 활용해 사건을 예측·예방하는 모습을 보여준다. 우리 현실에서도 CCTV 데이터를 활용하여 범죄 예방을 할 수 없을까 생각하다 나온 것이 AI 범죄 예측 시스템 구축이었다. 영화 〈마이너 리티 리포트〉에서 본 것처럼, 앞으로 일어날 가능성이 있는 범죄를 미리 예방하는 역할을 한다. AI를 활용한 이 시스템은 전자발찌를 착용한 성범죄 전과자의 이동 경로를 분석하고 범죄 통계 정보를 결합하여 안전 도시를 구현하는 데 큰 역할을 하리라 기대한다.

AI 안전 관리 시스템은 이제 막 첫발을 내디뎠지만, 벌써 큰 성과를 내고 있다. 유례없는 긴 장마가 계속되던 2020년 8월 4일 밤 10시쯤, 폭우로 한강 수위가 높아지면서 진입이 통제된 잠수교에서 헤매고 있는 외국인 학생들이 CCTV 화면에 포착됐다. 무릎까지 차오른 물에 휘청거리는 모습이 무척 위태로워 보였다. 어디가 출구인지 몰라 휴대전화를 들고 쩔쩔매고 있는 이들의 영상이 다행히 서초 CCTV통합관제센터에 근무하는 직원의 눈에 잡혔다. 곧바로 경찰에 무전으로 연락해 현장으로 출동했고, 고립돼 우왕좌왕하던 외국인 학생 5명을 무사히 구조했다.

'매의 눈'으로 24시간 주민의 안전을 감시하는 CCTV가 거둔 소중한 성과였다. 서초 CCTV 통합관제센터는 2020년 상반기에만 범인 검거 749건과 범죄 예방 3,084건 등 실적을 냈다. CCTV가 개인 생활을 감시하고 사생활을 침해하는 것은 아닐까 하는 걱정을 하고 있었는데, 최근의 경험으로 생각이 바뀌었다. 대다수 선량한 시민들을 보호하고 잠재적 위험으로부터 우리를 안전하게 보호하는 효과가 더 크다는 확신이 든다. 한강 다리를 걸어서 건너던 외국인 학생들을 구해낸 CCTV는 코로나19 확진자 역학조사에도 힘을 보태고 있다. 2022년쯤 소프트웨어 개발이 완료(한국전자통신연구원)되면 실제 범죄 예방 기능은 더욱 강화될 것이다.

청년을 위한 행운의 고리, 블록체인

•

블록체인은 '유엔미래보고서 2050'에서 우리의 삶을 바꿀 10대 기술로 선정할 만큼 중요한 4차 산업혁명 시대의 핵심 기술이다. 나는 2020년 목민관클럽 창립 10주년 국제포럼에서 '블록체인을 통한 직접 민주주의 업그레이드'라는 내용으로 주제 발표를 하기도 했다.

목민관클럽은 전국의 자치단체장들이 초정파적으로 참여해 정책 아이디어를 공유하고 아젠다를 제시하는 연구모임이다. 포럼에서 나는 온라인 정책 제안과 투표에서 가장 우려되는 것이 해킹 위험성과 개인정보 노출, 중앙 독점인데 블록체인은 이를 극복할 수 있는 기술로, 잘 활용하면 직접 민주주의를 업그레이드할 수 있다고 강조했다.

사실 내가 블록체인 기술 활용에 대해 본격적으로 관심을 갖게 된 것도 목민관클럽 덕분이었다. 2019년 3월 민선 7기 목민관클럽이 유럽으로 정책연수를 갔을 때 나는 일정을 따로 잡아 블록체인 성지라고 불리는 스위스 추크시를 방문했다. 거기서 추크시 경제지원국장 로만 바이스를 만나 자세한 설명을 듣고 깊은 인상을 받았다. 바이스 국장은 가상통화 이더리움의 창시자 비탈릭 부테린의 가능성을 한눈에 알아보고 과감히 지원해준 인물이다.

"19세 청년이 어느 날 저희 청사에 찾아와 말했지요. 세상을 바꿔보겠다고. 다른 도시에서는 아무도 안 믿었지만 우리는 믿었지요. 그것이 기적같은 이야기의 시작이었습니다." 2014년 부테린에게 거주 허가를 내준 추크시는 4년여 만에 세계적 블록체인 메카가 됐다. 서초구의 절반만 한 면적에 인구 3만 명인 추크시에는 현재 전 세계에서 3만 2,000여 개의 기업들이 몰려들어 지역 경제와 스위스 경제발전에 큰 기여를 하고 있다.

만약 나라면 부테린 같은 청년이 찾아왔을 때 열린 마음으로 받아들일 수 있었을지 자문해보았다. 스위스의 '실리콘밸리'라고 불리는 '크립토밸리'(Crypto Valley)의 협회 관계자도 만났다. 정부와 비영리 협회가 협업하여 블록체인 기술 기반의 수많은 스타트업 및 전문기업을 지원하고 관련된 국제 행사를 주도적으로 개최하고 있는 모습이 인상적이었다.

추크역 근처에 자리한 CV랩스(크립토밸리 실험실)에는 "이메일이 우편산업에 한 그 일을 비트코인은 은행에 할 것이다"라는 문구가 걸려 있었다. 가슴이 쿵쾅거렸다. 블록체인을 단순한 암호화폐와 같은 투자 수단으로만 알고 있었던 게 안이했다. "어서 서둘러야겠다." 돌아오는 비행기에서도 마음이 바빴다.

우선 '서초 블록체인 아카데미'를 만들었다. 4차 산업시대를 이끌어갈 실전 인력을 양성하기 위함이다. 추크시를 방문했을 때 "블록체인 분야는 2022년까지 17만 개의 일자리 창출이 예상되는데, 이를 담당할 전문 인력은 많이 부족하다"는 설명을 들었다. 이 설명이 기초단체로는 전국 최초로 교육 프로그램을 개설하는 계기가 되었다.

시작이 쉽지만은 않았다. 무엇보다 블록체인의 역사가 오래지 않은 현실에서, 공신력 있는 교육기관을 찾는 것이 어려웠다. 우리 직원들이 블록체인협회, 정보통신산업진흥원 등을 찾아다니며 교육과정 운영에 대한 자료를 얻기 위해 발로 뛰었다. '서울창업허브'와 같은 서울시 관련 사업과 연계해 교육과정을 운영하는 쪽으로 활로를 찾았다. 2019년 6월 17일부터 21일까지 블록체인 입문과정을 처음 진행했다.

청년들의 반응이 뜨거웠다. 모집 인원을 30명 정도로 잡았는데, 두 배나 많은 60여 명이 지원했다. 입문과정을 마친 분들을 대상으로 약 2개월간 양성자 개발 심화교육을 시행했고, 심화과정을 수료한 분들은 유수의 블록체인 기업과 일대일 매칭 인턴십을 거쳐 현장에 바로 투입할 수 있도록 했다.

블록체인은 행운의 고리인가? 2019년 6월 24일 다시 스위스 추크시로 날아갔다. 첫 번째 방문이 인연이 되어 국제 행사인 '크립토밸리 콘퍼런스'에 공식 초청을 받았기 때문이다. 세계 각국의 경제학자, 교수, CEO 등이 모여 블록체인이 가져올 미래 변화를 탐색하고 토론하는 자리에서 다니엘 하우덴차일드 크립토밸리 협회장과 함께 웰컴 연설자로 나서는 영예를 안았다. 첫 방문 후 3개월 동안 직접 운영 프로그램을 만들어서 재방문한 열정과 관심 덕분에 웰컴 연설자로 선정되었다고 한다.

"헬로, 레이디스 앤 젠틀맨. 마이 네임 이즈 은희 조. 더 메이어 오브 서초 시티." 연단에 낯선 한국인이 등장하자 호기심에 귀를 쫑긋 세운 좌중들의 모습이 눈에 들어왔다. 콘퍼런스에 참석한 사람들이 서초구를 잘 모를 수 있으니, 나는 서초구에 대한 간략한 설명과 함께 전 세계적으로 유행했던 싸이의 '강남스타일' 노래를 틀어줬다. "여기 나오는 배경이 서초입니다." 맘춤 동작을 보여주며 연단 위를 한 바퀴 휘젓자 사람들의 반응은 폭발적이었다.

이어서 블록체인 아카데미와 서초코인 프로젝트 등 서초의 첨단 비전에 대해 소개하고, 인턴십과 인재 교류를 제안했다. 마지막으로

"에너지 넘치는 젊은 도시 서초가 크립토밸리와 지속적인 협력을 통해 멋진 미래를 열어가고 싶다"고 말하며 발표를 끝내자 박수와 함께 많은 사람이 호응해줬다. 발표 이후로도 어디를 가든 사람들이 "Hello Eun-hee"(안녕, 은희)라며 반갑게 다가와 많은 의견을 나눌 수 있었다.

미래는 준비된 자의 것이다. 블록체인과 관련한 서초구의 꿈이 널리 확산되어 우리 모두의 멋진 미래가 되었으면 하는 바람이다.

⌂* 서울을 글로벌 플랫폼 시티로

　서울은 600년 도읍으로 역사와 전통의 도시이다. 또한 서울은 세계 10위 권의 경제 강국 대한민국을 상징하는 역동적인 글로벌 시티이다. 국가의 대동맥이자 서울의 관문인 경부고속도로는 '한강의 기적'을 이끌며 대한민국에 부와 풍요를 가져왔다. 산업화 시절 많은 사람이 경부고속도로나 경부선 철도를 따라 서울역이나 강남종합터미널로 올라와 서울살이의 첫발을 내디디며 '하면 된다'는 정신으로 이른바 '코리안 드림'을 일궈나갔다. 어언 40년에 이르는 나의 서울살이도 그런 모습으로 시작했다.

　하지만 지금 서울은 낡고 굼뜬 도시가 되어가고 있다. 각종 규제와 철지난 정치 이념, 시민의 행복을 도외시한 도그마로 도시의 발전을 옥죈 결과 도시는 활력을 잃어가고 미래 경쟁력은 정체되었다. 세계가 놀란 '경제 기적'을 이룬 한강이 성냥갑 아파트만 즐비한 '천박한 도시'의 배경으로 격하되는 수모를 당하는 신세로 전락했다. 35층 룰(Rule)로 한강변을 질식시켰던 사람들이 누구였던가? 글로벌 금융허브로 도약할 용산 국제업무지구에 임대 아파트를 밀어 넣겠다며 비상의 날개를 꺾는 것은 또 누구이던가? 낡은 규제, 낡은 이념에 묶여 한강은 더 이상 미래로 흐르지 못한 채 신음하고 있다.

지난 10년간 서울은 꽁꽁 얼어붙었다. 규제와 세금과 이념의 프레임에 갇혀 서울은 지금 역동과 활기와는 먼 얼음 바다가 되고 있다. 이런 서울을 바꿔나가려면 쇄빙선이 필요하다. 매력적이고 살고 싶은 메가시티, 사업하기 좋고 일하고 싶은 스마트 시티로의 혁신과 변화가 시급하다. 지방과 수도가 만나며, 서울과 세계가 만나는 글로벌 플랫폼 도시이자 기회와 가능성의 땅으로서 서울의 심장을 다시 뛰게 만들어야 한다. 그러기 위해서는 누군가가 앞서서 쇄빙선의 역할을 해주어야 한다. 얼음을 뚫고 전진하는 쇄빙선은 그 자신만 앞으로 나아가는 것이 아니라, 다른 배들의 항로를 열어준다. 그래서 서울의 발전은 서울만을 위한 것이 아니다. 세계 10대 교역국에, 국가 브랜드 10위를 차지한 대한민국을 더욱 강하고 아름답게 만들 수 있는 퍼스트 무버(First Mover)이자 규제 종결자, 그것이 바로 서울의 미래가 되어야 한다. 서울이 도쿄, 파리, 뉴욕을 넘어 매력이 넘치는 세계 톱(Top) 도시로 솟아오르도록 만들어야 한다.

서울은 중대한 기로에 놓여 있다. 지금은 코로나19 때문에 잠깐 조용한 상태지만, 홍콩의 정정이 불안한 가운데 다국적 은행과 글로벌 기업들이 보따리를 꾸리고 있다. 강력한 국가보안법 발효와 민주화 시위의 여파로 홍콩 엑소더스(대탈출)가 예고되면서 글로벌 금융허브 홍콩의 자리를 차지하려는 움직임도 빨라졌다. 싱가포르는 홍콩에서 빠져나가는 예금을 유치했고, 대만은 미국계 증권사 유치에 나섰다. 도쿄는 국제 금융허브를 꿈꾸며 홍콩에 특별팀을 파견했고, 비자 간소화와 국제학교 확대도 서두르고 있다. 그런데 서울은 의외로 잠잠하다. 되레 미래의 경쟁력을 해치는 정책까지 서슴지 않는다.

용산정비창과 태릉선수촌, 상암DMC 등 서울의 미래 경쟁력을 키울 핵심 거점까지 모조리 아파트 단지를 만들겠다고 한다. 오로지 집값만 잡겠다는 생각에 앞뒤 안 재고 빈 땅만 있으면 무조건 아파트를 짓겠다고 밀어붙이는 것을 보면 한숨이 절로 나온다. 당장 급하다고 황금알을 낳는 거위를 잡아먹는다면 미래 세대와 역사에 돌이킬 수 없는 죄를 짓는 일이 될 것이다.

지난 11월 초 나는 국회포럼에서 '하나의 서울, 다핵도시와 서울 U-그린플랜'을 발표했다. 서울이 '글로벌 플랫폼 도시'로 우뚝 서기 위해서 실천해야 할 액션 플랜이자 비전을 발표했다. 대한민국 인구 10명 중 2명은 서울에 살고 있다. 서울에 25개의 자치구가 있는데, 인구 67만 명 송파는 전주시와, 52만 명 노원구는 포항시, 14만 명 종로구는 광양시, 44만 명 서초구는 김포시와 비슷한 인구 규모다. 1,000만 인구의 서울시는 사실상 25개의 다핵 도시가 모여 있는 메가시티다.

　현재 '2030 서울생활권계획'은 서울시 도시기본계획을 5개의 권역별로 분류한다. 나는 이 개념을 더욱 발전시켜서 주거, 일자리, 교육, 문화, 환경, 육아 인프라, 도시 기반이 잘 갖추어진 5권역 혁신 경제권(플랫폼)을 형성하고 이 플랫폼을 25개 다핵 도시와 연결하여 서로 균형 발전할 수 있도록 해야 한다고 생각한다. 서울을 이렇게 유기적으로 연결하기 위한 구체적 실현 방안이 '서울 U-그린플랜'이다.

　서울에는 개발 시대에 만들어진 도시 인프라 시설, 즉 도로, 철도, 교량 등이 많다. 길게는 100년이 넘었고, 가까이는 50년 정도돼 낡고 굼뜬 서울을 상징적으로 보여주는 한편, 서울의 도시 발전에 어려움을 주고 있다. 대표적인 곳이 경부선 철도로, 21세기 서울을 동서로 갈라놓고 있다. 경부선이 지나가는 용산, 영등포, 구로 지역은 말할 것도 없으며, 서소문, 가좌, 수색 등 철도로 단절된 지역은 낙후되어 있다. 그뿐만 아니다. 개통 40년이 된 지하철 2호선 한양대에서 잠실, 신도림에서 신림, 영등포구청에서 합정까지 총 18킬로미터 구간과 4호선 창동에서 당고개 4킬로미터 구간도 지상 구간으로 건설되어 지진으로부터 안전, 도시 경관 저해, 소음·진동 등 불편 민원이 많이 발생하고 있다. 노후한 지상 구간을 지하화하여 생활권을 단절 없이 연결하면, 신대방, 구로디지털역 등 주변에 IT 스타트업 기업들이 많아 시너지 효과가 클 것이다.

서울은 자동차전용도로망이 잘 갖춰져 있다. 경부고속도로~통일로를 연결하는 통일 대비 주요 축 신설 계획 등을 종합화하면 남북 3개 축, 동서 3개 축, 순환망 총 7개 축 190킬로미터의 방사환상형 지하도로망을 구축할 수 있다. 이렇게 되면 권역별로 30분대 이동이 가능해지고, 지상 도로는 매력 있는 도시 공간으로 탈바꿈할 것이다.

경부고속도로 지하화는 내가 2014년 서초구청장에 취임한 뒤 7년 동안 구상하고, 전문가들의 검증을 거쳐 꾸준히 사업을 추진해왔다. 주위가 논밭이었던 20세기 산업화 시절에 만든 도시 인프라를 이제는 21세기 4차 산업시대에 맞게 변화시켜야 한다. 경부선 철도 지하화와 경부고속도로 지하화를 '패키지'로 추진한다면, 경부고속도로를 지하화하고 남은 재원을 '서울상생기금'으로 기금화해 경부선 철도 지하화에 투입할 수 있다. 또 이 재원을 강북 주요 지역 발전에 이용해 25개 다핵 도시 서울을 균형 발전시킬 수 있다.

개념은 이렇다. 한남IC부터 양재IC까지 약 6.8킬로미터 구간을 2층 복층터널로 지하화해서 만성 교통 정체를 해소하고, 차가 사라진 지상에는 미국 뉴욕의 센트럴파크 같은 도심 공원을 조성하고 청년에게 양질의 분양주택인 '청년내집주택'을 공급하는 사업이다. 고속도로 양쪽의 완충 녹지까지 합하면 9만 평이 나오는데, 이 중에 7만

평을 활용하면 1만 호 규모 이상의 청년들을 위한 분양주택(청년내집주택, 평균20평형)을 지을 수 있고, IC 교통섬 3만 6,000평에는 민간 분양주택 5,000호를 지어 총 1만 5,000호를 공급할 수 있다. 전문가의 추산에 따르면 사업비가 3조 5,000억 원이 드는데, 완충 녹지와 3개 IC 교통섬(반포, 서초, 양재)을 개발 가용지로 활용해서 일부를 민간에 매각하면 6조 원 정도의 재원 조달이 가능하다.

서울은 넓은 세계를 향해 무한한 꿈을 꾸고, 담대하게 나아갈 수 있는 신나는 기회의 도시가 되어야 한다. 누구나 '서울의 꿈'을 꾸고, 그 꿈을 현실로 이룰 수 있는 도시가 돼야 한다. 일자리가 많은 도시, 청년에게 미래의 비전을 제시하는 도시, 시원하게 숨통 트이는 도시, 안전하게 살아갈 수 있는 도시, 여성이 안전하고 행복한 도시, 적어도 내 집 한 채는 갖고 살 수 있는 도시, 도쿄, 싱가포르를 넘어 아시아의 최고 도시로 도약하는 '글로벌 플랫폼 도시', 도로와 철도의 지하화로 25개의 다핵 도시가 유기적으로 연결되고, 도심 속 숲길 사이로 문화와 예술이 흐르고 첨단기술이 숨 쉬는 아름다운 미래도시 서울! 그것이 우리가 누려야 할 4차 산업시대의 글로벌 플랫폼 도시 서울이다. 나는 그런 서울을 함께 만들고, 그 멋진 미래를 같이 누리고 싶다.

얼마 전 한 페이스북 댓글에서 "조은희가 서울시장으로 출마하면, '강남시장'으로 몰면 게임 끝난다"고 말하는 분을 보았다. 그같은 생각을 하는 분들께 보여드리고 설명하고 싶은 것이 '다핵 도시와 서울 U-그린플랜'이다. 언제까지 서울을 강남 대 비강남, 강남 대 강북으로 갈라치기 할 것인가. 그렇게 이분법적 구분으로 서울 시민이, 대한민국이 얻은 것이 무엇인가? 인구 1,000만 메가시티 서울은 어느 한 지역만 행복한, 어느 한 부분만 편리한 도시가 되어서는 안 된다. 그럴 수도 없다. 나는 지난 10년간 서울이 시대정신을 놓치고 서울의 미래를 위한 큰 그림, 비전이 실종된 데 대한 깊은 아쉬움이 있다. 노도강(노원, 도봉, 강북)이나 금관구(금천, 관악, 구로)니 하는 말로 강남 3구와 비 강남 지역을 구별하고, 서울 시민을 지역별로 나누어서 무엇을 얻겠다는 것인가.

마키아벨리는 《군주론》에서 "낮은 곳의 풍경을 그리고 싶으면 높은 산으로 올라가 내려다봐야 하고, 높은 산의 풍경을 그리고 싶으면 낮은 곳으로 내려가 올려다봐야 한다"고 했다. 숲에서 길을 잃었을 때는 산꼭대기에 올라가 전체를 내려다봐야 한다. 반면에 나무를 보려면 자세를 낮추고 아래에서 올려다봐야 한다.

우리는 숲도 보고 나무도 보는 두 개의 시각을 균형 있게 갖춰야 한다. 조급해하지 않고 넓은 안목으로 서울의 미래와 비전을 제시하는 담대함과 디테일을 놓치지 않는 섬세함이 우리에게 필요하다.

⌂* 역경에서 꽃피우는 '희망 이야기'

나는 불모지나 미개척지에 던져 놓으면, 어떻게든 길을 열어가는 편이다. 그래서 얼음 바다를 깨고 나아가는 쇄빙선 같다는 얘기를 듣는다. 이미 다져진 길이나 편한 길을 가려 하기보다, 새로이 길을 열어 험한 장애물들을 헤쳐 나간다는 얘기다. DJ 정부에서 초대 문화관광비서관으로 일할 때가 그랬다. 당시 제일 큰 일이 한일월드컵 대회 준비였다. 월드컵 축구는 올림픽 버금가는 지구촌 스포츠 축제로, 2002년 대회는 21세기 첫 월드컵이자 아시아에서 처음 개최하는 역사적 의미가 있었다. 더구나 한국과 일본 공동 개최는 월드컵 사상 최초의 일로서, 말 그대로 전인미답의 큰 행사를 잘 준비하도록 지원하는 것이 나에게 주어진 과제였다. 각 지역에 축구경기장을 짓는 일부터, 대회 후 빈 경기장을 어떻게 관리할거냐는 비판의 목소리까지, 조율해야 할 일이 산더미였다. 처음부터 끝까지 전례 없는 일들이었지만 '길이 없으면 길을 만든다'는 각오로 어려움에 맞서나갔다.

한일월드컵 공동 개최의 복잡한 업무를 막후에서 혼신의 힘을 다해 지원했는데, 막상 월드컵 경기가 열렸을 때 나는 청와대를 떠나 있었기에 경기장 한 귀퉁이 좌석도 얻지 못했다. 하지만 광화문을 가득 메운 붉은 악마의 길거리 응원 함성은 문화관광비서관으로 일하면서 겪었던 모든 어려움을 한 방에 날려 보내는 벅찬 감동이었다.

또 하나 문화관광비서관으로 일하면서 기억에 남는 일은 문화유산을 관리하는 정부 기구를 확대·발전시켰다는 점이다. 당시는 IMF 관리 체제라, 국가 위기 상황에서 정부도 조직 개편과 구조 조정을 하라는 압력이 컸다. 그 과정에서 문화체육관광부 내 문화재관리국을 폐지하기로 한 정부안이 마련됐다.

나는 문화 대통령을 표방한 정부에서 경제 부처의 효율성 논리에 밀려 문화재 관련 부서를 폐지하는 것은 있을 수 없는 일이라고 강력히 반대했다. '문화의 세기'라는 21세기를 맞아 문화 예산 1%를 목표로 삼은 상황에서 문화재관리국을 오히려 청으로 승격시켜야 한다는 것이 나의 논리였다. 결국 문화재관리국은 문화재청으로 확대·승격되었는데, 오늘의 시각에서 돌아보면 너무도 당연한 결정이었다고 하겠다.

이뿐만 아니라 경주관광개발공사도 폐지 위기에 처해 있었다. 경주 개발이 끝났다는 것이 이유인데, 나는 이 또한 폐지할 것이 아니라 되레 규모를 확장해 승격시켜야 한다고 제동을 걸었다. 경북 북부 지역의 유교 문화권을 연구·보존하고 세계에 알리는 일을 해야 한다고 주장해, 경북관광개발공사로 확대·승격시키는 일을 관철해 냈다. 경북관광개발공사는 천년고도 경주의 보문단지를 국제 수준으로 발전시켰을 뿐 아니라 안동 유교문화권도 관광자원화해 2010년 안동 하회마을을 유네스코 세계문화유산으로 등재시키는 데 한몫하기도 했다.

그때 내가 배운 중요한 교훈은 모든 위기는 기회로 잘 반전시키면 오히려 희망의 스토리를 만들 수 있다는 것이다. 그러기 위해서는 공공이든 민간이든 중요한 부서나 기관에, 프로젝트에 위기가 왔을 때 "제발 살려주세요"라는 식의 자신 없는 태도로 사정해서는 절대로 안 된다. 소극적으로 위기를 방어하는 데 급급할 것이 아니라, 오히려 적극적으로 합당한 논거를 들어 "키워야 한다. 다른 어떤 것보다 이게 중요하다"며 단호하고 자신감 있는 태도로 대처해야 한다. 담당자가 확신이 없으면 그 누구도 확신할 수 없기 때문이다.

문화관광비서관으로서 확신을 가지고 적극적으로 나갔기 때문에 문화재관리국과 경주관광공사를 폐지 위기에서 구할 수 있었다. 그뿐 아니라 두 기구를 확대·승격시킴으로써 우리의 전통 문화유산을 보전하고 미래의 관광자원으로 일구는 역할을 해내게 했다. 지금 보면 선견지명이라 할 일들이었는데, 만약 그때 제발 살려만 달라는 식으로 소극적 방어자세로 나갔으면 성공하지 못했을 것이다.

이때 얻은 교훈을 가슴에 새겨 이후로도 나는 위기를 만나면 오히려 기회로 여겨 반전 드라마를 써 나갔다. 내가 선 자리마다 희망의 출발점으로 만들어왔다. 2018년 지방선거에서 민주당 쓰나미가 덮쳤을 때 서울에서 유일한 야당 구청장으로 살아남아 재선 고지에 올랐던 것도 그런 반전 드라마라고 할 수 있다. 서울 25개 구청장 중 24곳이 민주당 구청장이고, 서울시의원 110명 중 102명이 민주당 소속이라는 압도적 결과에서 야당 구청장으로 홀로 살아 돌아오자 주위에서는 민들레 홀씨 같은 희망의 아이콘, 보수 야당의 마지막 자존심이라고 반겨주었다. 민들레 홀씨는 훅 불면 날아가는 연약한 생명이지만 황량한 불모지에 떨어져서도 그곳을 민들레 꽃밭으로 만들어버린다. 선거 태풍에 쓸려나가 야권이 초토화된 상황에서 위기를 기회로 반전시킨 나에게서 주변 사람들은 희망의 스토리를 읽은 것이다.

서울에서 유일한 야당 구청장으로서 1대 24의 구도에서 일하는 것이 쉽지만은 않지만 이 역시 희망의 출발점으로 삼고 있다. 서울시의 반대를 무릅쓰고 홀로 재산세 감경을 추진해 결국 정부 여당도 비록 기준은 다르지만 이를 수용하게 함으로써 '조은희 뚝심 통했다' '조은희 따라하기'라는 언론의 평가를 듣게 된 것도 그중 하나다.

주위를 돌아보면 사면초가 고립무원의 상황이다. 하지만 혼자라고, 숫자가 적다고 일을 못하는 것은 아니다. 오히려 혼자이기에 더 주목을 받고, 더 효과적으로 일할 수 있는 측면도 있다. 재산세 감경이 그렇고, 청년기본소득 정책실험, 1인가구 지원 사업, 코로나19 방역 선제적 대응 조치 등이 그렇다. 그 결과 서초가 하면 전국이 주목하고, 서초에서 시작한 것들은 대한민국 표준이 된다는 평가를 듣고 있다.

그래서 나는 틈날 때마다 서초 동료 직원들에게 "우리가 하는 일은 절대로 서초만의 일이 아니다"라고 강조한다. 서초를 정책과 행정의 테스트베드라고 생각했다. "서초에서 하면 서울이 뒤를 잇고, 전국으로 확산된다. 서초에서 시작한 변화는 서울을 바꾸고 대한민국을 변화시킨다. 서초는 지금 우리가 꿈꾸는 서울, 우리가 바라는 대한민국의 테스트베드. 그러므로 더 큰 사명감과 애착을 갖고, 같은 일을 하더라도 정성을 더하여 모두가 감동하는 멋진 모델을 만들자"고 이야기한다.

유일 야당 구청장인 나와 서초는 결코 서울 25개 구 가운데 n분의 1이 아니다. 물은 99℃에서 끓지 않지만 마지막 1℃를 더하면 액체가 기체로 변하는 폭발적 변화가 일어난다. 나와 서초는 그 놀라운 변화를 일으키는 1℃, 달리 표현하면 티핑포인트 역할을 하고 있는 셈이다.

변화는 꼭 크고 거창한 것에서 시작하진 않는다. 나비효과라는 말에서 보듯이 작은 나비의 날갯짓 하나가 지구 반대편에 거대한 태풍을 일으키기도 한다. 공교롭게도 서초는 지도에서 보면 나비 모양을 하고 있다. 그래서 나는 서초의 지도를 볼 때마다 나비효과가 생각난다. 그리고 저 작은 나비가 훨훨 날아올라 커다란 태풍을 일으켰으면 하는 상상을 해본다. 모든 위대한 변화는 지극히 작은 것에서부터 시작한다고 했다. 도심 그늘막인 서리풀 원두막도 처음에는 두 개의 시범 사업으로 작게 시작했지만 결국 전국을 덮어버리지 않았는가. 나와 서초의 작은 날개짓은 서울의 미래를 바꾸고 대한민국을 뒤흔드는 거대한 변화의 태풍을 몰고 올 수도 있다.

그래서인가. 요즘 언론에서는 나를 서울시장 후보로 지목하며 인터뷰 요청을 자주 해온다. 지금 서울 시민들은 그간의 부동산 정책 실패로 집값 폭등, 세금 폭탄, 전세 대란에 시달리고 있다. 안 그래도 코로나19 장기화로 경제가 위축돼 힘든 상황인데, 정부와 서울시는 시민의 눈물을 닦아주기는커녕 오히려 규제를 더 옥죄며 고통을 가중시키고 있다. 언론에서 내 이름을 자주 거론하는 데에는 이런 가혹한 현실을 바로잡고, 서울을 새롭게 바꿔달라는 여망이 담겨 있는 것 같다. 서울시 부시장을 지낸 유일한 야당 구청장으로서 서울 행정을 10년간 현장에서 발로 뛰며 경험했다는 점과 그동안 일하는 것을 보니 "조은희에게 맡기면 연습 없이, 지체 없이, 야무지게 잘해낼 것 같다"는 기대에서 서울시장 후보로 꼽아 주신다고 생각한다.

물론 기회가 주어지면 잘해낼 자신이 있다. 그러나 그보다 더 중요한 것은 새로운 서울시장의 탄생은 개인의 교체가 아니라 철학의 교체여야 한다는 점이다. 이번 서울시장 보궐선거는 지난 10년 정체됐던 서울시의 정책을 대전환하고, 역동성이 넘치고 매력 있는 서울로의 패러다임 전환이 이뤄지는 선택이어야 한다. 그 점에서 지금 사람들의 입에 오르내리는 서울시장 후보 조은희는 나 개인을 가리키는 고유명사가 아니라 보통명사라 하겠다. 곧 서울을 재탄생시킬 변화의 태풍을 일으키고, 세계의 톱 도시로 도약시킬 새로운 리더십을 가리키는 보통명사 조은희인 셈이다.

지금은 코로나19로 온 국민이 지쳐가고 있으며, 경제도 침체돼 제2의 IMF와 같은 위기 상황이라는 말이 자주 들린다. 앞이 잘 안 보이는 이런 때일수록 사람들의 갑갑하고 불안한 마음을 씻어줄 수 있는 편안한 행정, 희망의 메시지가 필요하다. '조은희'가 상징하는 리더십이 시민들의 그런 기대에 부응하는 보통명사가 되었으면 하는 바람이다. 불모지에서도 희망을 꽃피우고, 미개척지에서도 귀를 열어 새 길을 열며 위기를 기회로 반전시킨 나의 지나온 '조은희 스토리'가 코로나 마스크 뒤로 긴 한숨을 짓고 있는 이들에게 희망의 메시지로 다가가기를 기대해본다.

어느새 가로수의 잎이 다 떨어졌다. 코로나19의 기습으로 시작한 한 해가 코로나19가 남긴 상흔 속에 저물고 있다. 거리에도 세밑의 어둠이 깔리고 불빛들이 피어난다. 서울의 거리를 따라 하나둘 피어 난 불빛들은 은하수처럼 아름다운 성좌를 이루며 반짝인다. 그 찬 란한 별빛의 물결 속에는 서리풀 원두막도 자리하고 있다. 여름날의 추억을 접은 서리풀 원두막은 반짝이 전등을 몸에 두른 채 크리스마 스트리로 변신해 겨울 거리를 밝힌다.

2017년 봄, 서리풀 원두막이 강남대로에 처음 등장했을 때 정말 많은 분이 신선한 충격이라며 놀라워했다. 그리고 뜨거운 여름날 뙤 약볕을 피할 수 있는 도심의 오아시스라는 호평과 함께 큰 사랑을 받았다. 그 사랑은 서리풀 원두막이 도로법 위반에, 전례 없는 시설 물이라는 반대를 이기는 힘이 됐다. 이러한 혁신적인 변화들은 서초 구가 '정부혁신 1번가'의 우수 혁신 사례 부문에서 전국 243개 자 치단체 가운데 압도적 평가를 받으며 '금메달'을 수상하는 데 결정적인 역할을 했다. 2019년 행정안전부가 전국 그늘막 표준으로 정하면서 서리풀 원두막은 서초에서 펼친 '조은희표 혁신정책' 중에서 가장 큰 영향을 미친 작품이 됐다. "세금은 이런 데 써야 제맛"이라고 말하며 활짝 웃었던 시민의 얼굴이 지금도 등불처럼 내 마음을 환하게 밝히고 있다.

서리풀 원두막은 시민의 어려움을 살피는 정성 어린 배려와 혁신의 산물로, 서초 행정 혁신의 DNA라고 할 수 있다. "길이 없으면 길을 만들자!" 얼음 바다를 뚫고 가는 쇄빙선 정신이 아니었다면 왕복 11차선 도로의 횡단보도 옆에 '직경 2미터의 커다란 양산'을 세우는 일은 할 수 없었을 것이다.

전례가 없어서 못 한다는 일을 관철하려면 용기와 지혜, 실행력이 필요하다. 관련 법규를 치밀하게 검토하는 것은 물론 그 일이 어떤 문제를 해결할 수 있는지, 얼마나 많은 사람을 행복하게 할 수 있는지 점검해야 한다. 행정 서비스의 '가치'를 먼저 생각하고, 이를 실현할 수 있도록 만반의 검토를 해야 한다. 서리풀 원두막이 도로의 불법 설치물이 되지는 않을지, 태풍에 쓰러질 위험은 없는지 1만 분의 1 확률까지 꼼꼼히 따져서 준비한 결과물이다. 따뜻한 배려와 정성, 냉철한 계산, 용감한 실행이 세 겹의 DNA 구조를 이루며 행정 혁신의 아이콘으로 자리매김한 것이다.

코로나19 팬데믹 속 K방역이 호평을 받는 가운데, 세계의 시선이 서울, 그중에서도 서초로 쏠렸다. 전국 최초로 서초구에 설치된 '언택트 선별진료소'를 취재한 프랑스 르몽드지의 국제 담당 부국장 아롤드 티보(Harold Thibaul)도 그중 하나다. 의료진이 방호복을 입지 않은 채 하루 1,000명 이상 빠르고 안전하게 검사할 수 있는 '서초 언택트 선별진료소'와 CCTV 분석을 통해 역학조사를 진행하는 '서초구 신속대응TF'를 취재하며 그는 감탄을 금치 못했다. 서초의 자랑이자 서울의 자랑, 나아가 대한민국 K방역의 자랑이었다. 이러한 자랑스러운 성과들이 차곡차곡 쌓여 세계 최고의 메가시티 서울로 나가게 한다.

세계가 부러워하는 서울은 비단 안전한 서울만이 아니다. 활력과 매력이 넘치는 아름다운 서울, 아이를 낳아 키우기 좋은 서울, 여성이 행복한 서울, 청년들이 꿈을 실현하고 자신을 사랑할 수 있는 서울, 일자리가 넘치는 서울, 어르신들이 삶의 보람을 함께 나눌 수 있는 서울, 쾌적하고 입체적인 녹색도시 서울, 매일 혁신하는 서울… 바로 내가 꿈꾸는 서울이다. 대한민국이 국가 브랜드 세계 10위를 기록한 오늘날, 서울은 대한민국의 얼굴로 국가 브랜드의 가치를 더하고, 더욱 강화하는 역할을 힘차게 수행해야 한다.

지난 시절 우리는 서울을 중심으로 '한강의 기적'을 이뤘다. 이제 서울은 제2의 기적을 이루기 위해 다시 도약해야 할 때다. 그러기 위해서는 20세기 산업화를 거친 서울의 도시 인프라를 21세기 4차

산업혁명 AI 시대에 걸맞게 진화시켜야 한다. 더 이상 서울을 지나간 시대의 낡은 정치 관점으로 접근해 발을 묶어서는 안 된다. 서울은 강남과 강북이라는 진부한 용어로 구분 지을 수 있는 간단한 도시가 아니다. 지역과 권역별로 개성과 특성을 살려 고르게 발전해 나가는 다핵 도시 서울이, 우리가 함께 만들어가야 할 21세기형 글로벌 플랫폼 도시 서울이다. 나는 그런 서울을 함께 만들고, 같이 누리며 살고 싶다.

코로나19로 양재천 벚꽃 산책로 출입이 막힌 초봄부터 책을 구상하기 시작해, 확진자 숫자만큼이나 들쭉날쭉하게 글쓰기를 진행하다 보니 벌써 한해의 끝자락에 다다랐다. 진정한 21세기는 2020년에 시작됐다는 말처럼 코로나19는 멀게만 보였던 미래를 확 앞당겨 놓았다. '미래'는 겁 많은 자들에게는 불가능이고, 용감한 자들에게는 기회라고 한다. 용기를 내어 내가 꿈꾸는 서울을 이 책에 담았다. 아직도 20세기 틀에 갇혀 미래로 나아가지 못하는 서울에 진정한 21세기가 시작되었으면 하는 바람에서다. 나의 꿈이, 우리 모두의 꿈이 되었으면 좋겠다.

따뜻한 행정가 조은희, '서울'을 꿈꾸다

어느 날 오랜 친구 조은희 서초구청장이 만나자고 했다. 인간 조은희, 엄마 조은희, 행정가 조은희를 많은 분에게 알릴 수 있는 책을 쓰고 있는데 함께 정리해보자고 했다.

따뜻하면서도 빈틈없는 행정가로서 수많은 혁신을 일궈온 조은희 구청장은 아직 많은 사람이 그 빛나는 모습을 알지 못하는 원석(原石)이다. 나는 그와 대학 동기인데다 기자 시절을 함께했고, 이후 그가 여러 공직을 거치는 동안 동갑내기 모임을 같이했다. 그를 만나는 것은 매번 감춰진 보석을 보는 것 같은 기쁨이자 자랑이었다. 그 보석을 세상에 드러내 널리 알렸으면 하는 바람에 기꺼이 함께했다.

바쁜 일과를 마친 뒤 저녁 늦도록, 또 주말을 틈타 그와 많은 이야기를 나눴다. '조은희 이야기'를 함께 쓰고 같이 정리하는 것은 그를 새롭게 발견하는 일이었다. 무엇보다 틀을 깨는 '담대한 도전' 덕분에 오늘의 그가 될 수 있었음을 알게 되었다. 기자 시절 부러움을 자아냈던 특종들이 이국땅에서 새벽 뻗치기 같은 '무한 도전'을 통해 이뤄낸 것이었다니! 서울시 최초 여성 부시장, 유일 야당 서초구청장으로서 이뤄낸 혁신 행정들도 상상 그 이상의 열정과 정성으로 빚어낸 작품들이었다.

이제 그는 '서울'을 꿈꾸고 있다. 세계에서 가장 살기 좋은 메가시티 서울, 어디를 가든 활력과 매력이 넘치는 다핵 도시 서울. 조은희의 서울 비전이자, 지난 10년간 우리가 잃어버린 꿈이다. 이제 이 이야기들이 실천되는 일만 남았다.

늘 시민의 말을 귀담아듣고, 세심하게 문제를 해결하는 따뜻한 행정가, 조은희. 어려운 일도 미래의 청년들과 대한민국을 위해서라면 쇄빙선처럼 얼음 바다도 깨고 나가는 추진력을 장착한 행정가, 조은희. 이제 그가 많은 시민에게 알려지기를 바란다.

박선이 명지대 겸임 교수

따뜻한 행정가, 조은희

귀를 열고 길을 열다

조은희 지음

ⓒ조은희, 2020

초판 1쇄 2020년 12월 10일 발행

ISBN 979-11-5706-219-5 (03340)

만든사람들

공동기획	박선이
기획편집	배소라
편집도움	김경아 오현미
디자인	ALL designgroup
마케팅	김성현 김규리
인쇄	한영문화사

펴낸이	김현종
펴낸곳	(주)메디치미디어
경영지원	전선정 김유라
등록일	2008년 8월 20일 제300-2008-76호
주소	서울시 종로구 사직로 9길 22 2층
전화	02-735-3308
팩스	02-735-3309
이메일	medici@medicimedia.co.kr
페이스북	facebook.com/medicimedia
인스타그램	@medicimedia
홈페이지	www.medicimedia.co.kr